KB245294

미친
사무실에서
살아남기

Surviving in a crazy office

미친
사무실에서
살아남기

🔊)) 전다우 지음

보아스
BOAZ

눈을 떴다. 빨간 날이기를 바랐다. 하지만 야속하게도 아니다. 일어나서 출근준비를 해야 하는데 직원을 노예 취급하는 상사, 일만 시키면 사고를 터뜨리는 부하직원의 얼굴이 연달아 떠올라 도저히 출근하기가 싫다.

만원버스와 만원지하철에서 간신히 살아남아 회사 앞에 섰다. 회사 건물을 쳐다보고 있자니 나를 잡아먹을 듯 아가리를 벌리고 있는 괴물 같다.

만원엘리베이터에서 빠져나와 사무실의 문을 열자 오늘도 불구덩이에 들어가는 기분이다.

자리에 앉아 컴퓨터를 키고 마음을 가다듬고 있는데 하나밖에 없는 부하직원이 머리를 긁적이며 어색한 미소를 띤 채 다가오고 있다. 제발 화장실로 가는 것이길 바랐지만 오늘도 부하직원은 내 앞에서 걸음을 멈췄다.

사무실에서 상사, 동료, 부하직원 등이 쉬지 않고 내게 날리는 스트레스는 끝이 없다. 나는 매일 최선을 다해 일하는데, 다른 사람들은 일은 하지 않고 내게 스트레스만 던질 생각만 하는 것 같다.

다른 곳으로 이직을 해볼까 하고 생각해봐도 달리 뾰족한 수가 없다. 가봤자 사람 얼굴과 이름만 바뀌었지 사무실에 있는 사람들의 행동은 다 똑같을 것이다.

미칠 것 같아 소리를 지르고 싶어도 꾹 참아야 한다. 당장 사무실을 뛰쳐나가고 싶어도 억지로 미소를 지은 채 자리를 지켜야 한다. 그리고 나를 궁지에 몰아넣는 인간들만 가득해도, 절대 이해되지 않는 상황이 연달아 벌어져도 이성을 잃으면 안 된다. 왜냐하면 여기는 세상에서 제일 짜증나는 '사무실'이니까.

한 설문조사에서 직장생활의 가장 큰 스트레스로 '불편한 인간관계'를 첫 번째로 꼽았다. 그만큼 사무실 내에서 벌어지는 인간관계는 누구에게나 큰 스트레스를 준다.

'그래, 내가 참자.'

그런데 과연 참는 게 최선일까? 하루가 멀다 하고 끊임없이 나를 자극하고 괴롭히며 병들게 하는 스트레스 때문에 죽음에 점점 가까워지는데 이래도 참기만 할 것인가.

할 말은 하고 싶고 따질 것은 그 자리에서 따지고 싶다. 하지만 그렇게 했다가는 자칫 스트레스는 스트레스대로 더 받고 상사의 공격은 더더욱 지독해진다. 심하면 의도치 않게 직장에서 왕따까지 당할 수 있다.

보란 듯이 사표를 과감히 던지고 싶지만 요즘 같은 불황에 갈 때가 어디 있겠는가. 직장인이라면 하루에도 몇 번씩 사표를 머릿속에서 쓴다지만 진짜 내는 사람은 극히 드물다.

더는 참지 못하겠다면 어떻게 해야 하는가? 바로 유비무환(有備無患)의 자세가 필요하다. 미칠 일, 참을 일이 생기기 전에 그 일 자체를 사전에 막는 것이다. 병이 걸리고 난 다음 치료를 받는 것보다 사전에 예방하는 것이 돈도 시간도 적게 든다는 사실은 누구나 알고 있다.

직장생활도 마찬가지다. 사무실에서 당신을 미치게 만드는 비상식적인 사람들과 그 사람들이 만든 일들이 내게 폭탄처럼 떨어지기 전에 미리 차단하는 기술이 필요하다. 문제의 소지가 될 만한 사람들이 당신에게 접근하는 것을 차단하면서 되도록 섞이지 않아야 점점 미쳐가는 사무실에서 미치지 않고 탈출할 때까지 살아남을 수 있다. 필자는 그 기술을 바로 이 책에서 알려주고자 한다.

미치면 당신만 손해다. 당신이 미치는 순간, 비상식적인 사람들은 회심의 미소를 지으며 주변 사람들에게 당신을 속 좁은 사람, 실력이 떨어지는 사람, 사회생활에 적응하지 못하는 사람이니 하면서 동네방네 흉을 보고 다닐 것이다.

사무실에서 미치기 일보 직전인가? 그렇다면 이 책을 봐라. 당신을 미치게 만드는 비상식적인 사람들과 상황들을 다루면서 각각 어떻게 대처해야 하는지를 구체적으로 알려준다.

미리미리 대처해서 당신을 미치게 하는 사람과 상황을 차단하고 방어하며 사무실에서 살아남자. 이 책의 내용대로 당신을 미치게 하는 상황을 대처하다 보면 어느 순간 당신을 그동안 괴롭혀왔던 비상식적인 사람들이 머리를 숙이는 자리에 올라갈 수도 있다. '바로 그때' 당신을 괴롭히던 비상식적인 사람들을 두 배로 미치게 만들면 얼마나 쾌감이 넘치겠는가.

'그때'가 멀게만 느껴진다고 생각하지 마라. 바로 1시간 후에 그렇게 될지도 모른다.

(어쩌면 그렇게 될지도 모를) 1시간 후의 쾌감을 위해 지금 당장 미칠 것 같은 사무실이라도 조금만 참고 5초 미리 대처해서 살아남아라. 당신이 승리의 칼을 쥘 날은 멀지 않았다.

4장 다른 팀으로 보내고 싶은 부하직원

5장 눈치가 빨라야 살아남는다

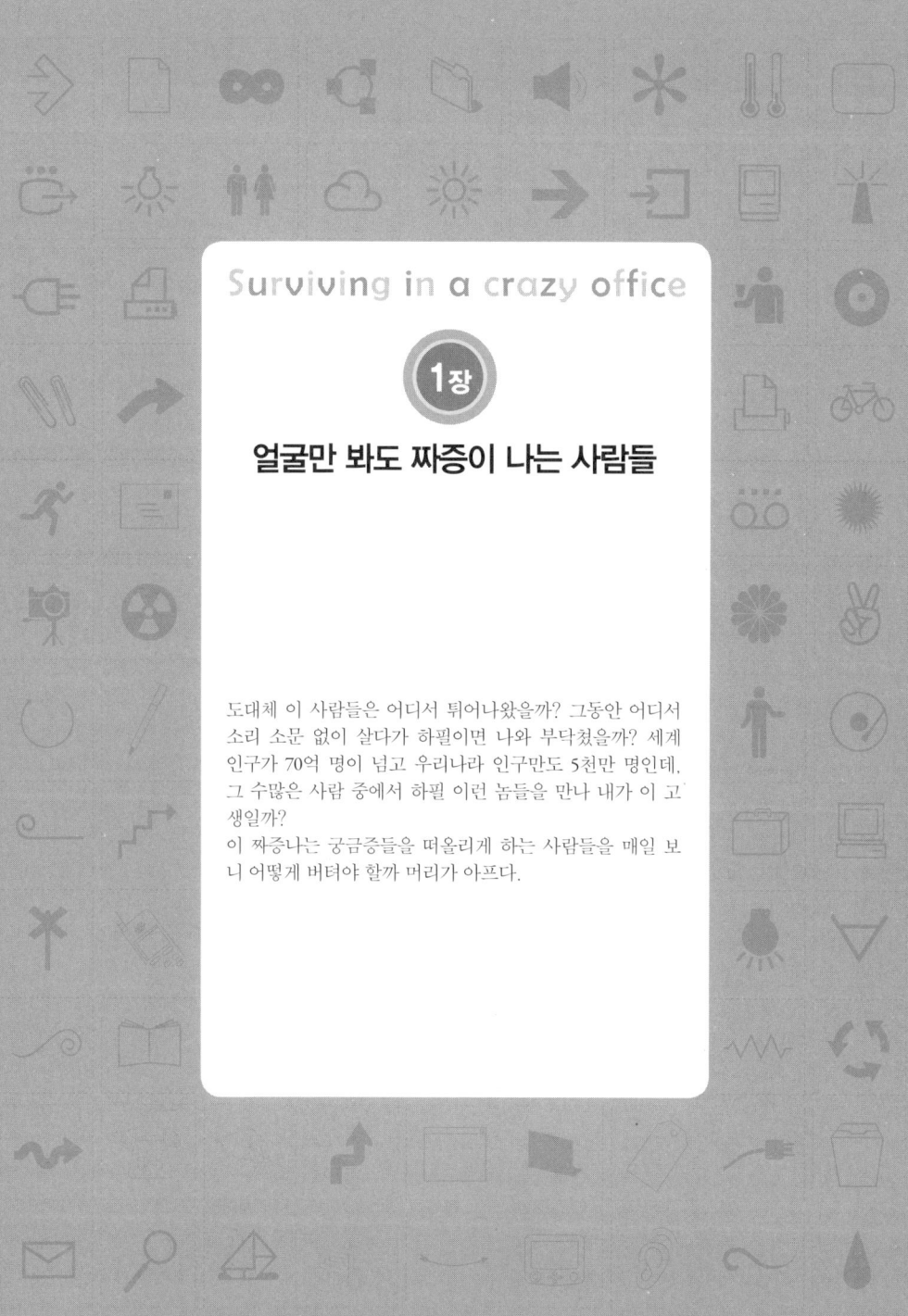

Surviving in a crazy office

1장

얼굴만 봐도 짜증이 나는 사람들

도대체 이 사람들은 어디서 튀어나왔을까? 그동안 어디서
소리 소문 없이 살다가 하필이면 나와 부닥쳤을까? 세계
인구가 70억 명이 넘고 우리나라 인구만도 5천만 명인데,
그 수많은 사람 중에서 하필 이런 놈들을 만나 내가 이 고
생일까?
이 짜증나는 궁금증들을 떠올리게 하는 사람들을 매일 보
니 어떻게 버텨야 할까 머리가 아프다.

이간질의 대가

조직에서 제일 문제가 되는 것이 '말'이다. 보통 '말'은 100퍼센트 날 것 그대로 전달되지 않고 전달하는 사람의 인생관, 자라온 환경 등에 의해 무의식적으로 조금씩 변형되어 상대방에게 전달된다. 특히 조직 안에서 '말'은 책임이라는 무서운 존재를 동반하기 때문에 전달하는 사람이나 듣는 사람은 말과 관련해서는 자신에게 유리한 방향으로 해석한다.

학창 시절 또래끼리의 모임에서 '말'은 큰 실수나 오해를 불러올 일이 거의 없다. 간혹 있다 해도 시간이 지나면 금방 해결된다. 그러나 회사에서는 무심코 던진 말 한마디에 몇 십 년 동안 공든 경력이 무너질 수 있다. 그만큼 조직생활에서 '말'은 무섭고 중요하다.

이렇게 무섭고 중요한 '말'을 악의적으로 전달하는 사람이 사무실에는 반드시 존재한다. 바로 이간질하는 사람인데, 그런 사람이야말로 조직을 망가뜨리고 당신을 수렁에 빠지게 하는 첫 번째 인물이다.

상사의 관심을 독차지하기 위해, 상대방을 밟고 일어서기 위해, 또는 다른 사람을 핑계로 자기가 싫어하는 사람을 공격하기 위해서라면 이간질 정도는 괜찮다고 생각한다. 없는 말을 만들어내는 것은 기본이고, 당신을 향한 상사의 의심에 기름을 붓는다. 특히 상사의 오른팔이 되고 싶어 하는 간절함이 지나친 나머지, 자신 외에는 상사에 접근하지 못하도록 다른 사람들의 실수를 부풀리거나 없는 실수도 만들어 상사가 좋지 않은 선입견을 갖도록 만든다.

조민석 과장은 이간질의 대가다. 부하직원이 자신보다 조금이라도 뛰어나 보일 낌새가 보이면 부하직원의 사소한 실수를 큰 잘못으로 과대 포장하거나 자신의 잘못을 덮어씌운다.

부하직원에게 사소한 실수라도 보이면 사무실 사람들 다 들으라는 듯 큰소리로 말한다.

"이게 뭐야? 엉망이잖아!"

"매번 똑같은 실수를 하면 어떡해!"

사무실 사람들은 책상에 가만히 앉아 있지만, 머릿속에서는 부하직원을 사고만 친다고 인식하게 된다.

그런 다음 조민석 과장은 담배를 피우거나 술자리에서 사람들에게 부하직원을 좀 더 이끌지 못한 자신이 더 반성해야 한다며 위해주는 척한다. 그런 분위기가 조성되면 사람들은 조민석 과장을 리더십이 있는 사람으로 생각한다.

자신과 다툼을 한 동료가 있다면 평소 그 동료와 사이가 좋지 않은 사람에게 접근해 "이런 말하면 안 되는 줄 아는데, 그래도 친한 사이니까 하는 말이야…"라면서 자신과 다툼을 한 동료가 당신 욕을 그렇게 하고 다닌다는 말을 슬쩍 던진다. 물론 동료가 욕을 한 적은 없지만 평소 사이가 좋지 않던 사람은 의심을 하게 된다. 자신이 없는 자리에서 헐뜯고 다니는 것을 안다면 성질 급한 사람은 바로 달려갈 것이고, 그렇지 않은 사람도 호시탐탐 기회를 노릴 것이다. 조민석 과장은 뒤에서 둘이 싸우는 것을 구경만 하면 된다.

상사에게 술자리 등 접근할 수 있는 타이밍이 생기면 좋은 말인 것 같지만 실상은 깎아내리는 말로 돌려서 이간질을 한다.

"김 과장, 있지 않습니까? 이번 프로젝트는 잘 마무리해서 같이 진행한 저 역시 기분이 아주 좋았습니다. 그런데 사실 김 과장이 예전부터 약했던 계산 부분에서 또 실수가 발생하면 어떡하나 하는 생각에 조마조마했어요. 그러면 아무래도 회사에 피해가 가지 않겠습니까? 그래서 제가 그 부분은 대신 해줬습니다. 김 과장이 매번 그런 실수를 반복하는 것 같은데 그래도 이번 프로젝트는 잘 돼서 다행입니다."

분명 조민석 과장은 김 과장에게 도움을 주지 않았다. 하지만 자신의 도움으로 김 과장의 프로젝트가 실패하지 않았다는 말을 상사에게 은연중에 전달했다. 그 말을 들은 상사는 김 과장에 대해 좋지 않은 선입견을 갖게 된다.

다음 날 상사가 김 과장에게 조 과장이 도움을 줬는지 묻지는 않을 것을 조민석 과장은 알고 있다. 설령 상사에게 들은 김 과장이 씩씩거리며 "어제 부장님께 무슨 이야기를 했느냐?"고 따진다 해도 조민석 과장은 빠져나갈 구멍이 있다.

"내 얘기는 그게 아닌데, 어제 부장님께서 술을 많이 드셔서 잘못 기억하고 계신거야. 그러니 너무 신경 쓰지 말게나."

◉ 이간질에 흔들리지 마라
누군가 당신을 욕한다는 말을 들어도 관심을 보여서는 안 된다. 이간질에 동조하거나 그의 앞에서 비난한다면 이간질의 대가에게 걸려든 것이다. 화가 나도 "예", "아니오" 혹은 단답형으로만 말하라.

이간질에는 분명 의도가 있다. 말을 전달하는 사람은 착해서, 당신을 생각해서 말을 전달하는 것이 아니다. 뭔가 계획된 것이 있다. 일단 자리를 피한 다음 왜 저 사람이 내게 그런 말을 했는지 주의를 기울이면서 고민해야 한다.

⊙ 삼자대면을 하라

나를 이간질하는 것이라는 확신이 들어도 다른 사람에게 이간질의 대가를 똑같이 이간질하지 마라. 주변 사람들은 오히려 당신을 이간질하는 사람으로 인식할 가능성이 매우 높다.

이간질한 사람과 말을 했다는 사람을 같이 불러 누구의 말이 옳은지 서로의 얼굴을 보면서 결론내리는 자리를 마련하는 것이 좋다.

⊙ 주변 사람을 탐문하라

이간질의 대가 주변에 있는 사람들에게 이간질의 대가가 어떤 성격인지 물어보면서 사람을 평가할 필요가 있다. 혹시 주변에 자신처럼 이간질로 인해 피해를 입은 사람이 있다면 단체를 만들어 상사에게 건의하라. 개인이 아닌 단체로 건의를 하면 상사도 뭔가 생각이 있을 것이다. 개인은 힘이 없지만 단체는 힘이 있다.

아부의 명수

김진지 과장은 일보다는 아부에 집중하는 캐릭터다. 회사생활에서 '능력'이 중요하지만 그보다 '아부'가 더 힘이 있다고 확신한다.

일단 자신 외에는 상사에게 다가가는 사람이 없도록 상사 주변에 늘 머물러 있다. 행여나 몸이 떨어져 있어도 눈길만은 늘 상사에 고정하고 있다. 상사에게 보고하려는 직원도 일단 의심의 눈으로 쳐다본다. 상사는 오로지 자신하고만 네트워크를 맺기를 원한다.

김진지 과장의 아부는 회식자리에서 빛을 발한다. 동석한 사람들에게 퀴즈를 하나 내겠다며 입을 연다.

"우리 부장님이 사모님께 어떻게 해줄 거 같습니까? 1번 막 대한다, 2번 서로 각자 알아서 산다, 3번 사모님의 인격을 존중해준다."

동석한 사람들에게 번호를 말하라고 한다. 바보가 아닌 이상 다들 당연히 3번이라고 얘기한다. 그러면 김진지 과장은 씩 웃으며 말한다.

"우리 부장님은 카리스마 있는 분이라 안 그러실 줄 알았는데 3번이더라고요. 사모님께 엄청 잘해주십니다. 제가 한 번 만난 적이 있는데, 사모님을 엄청 존중해주시고 사모님이 하고 싶은 일이라면 자신의 일을 제쳐놓고라도 도와주세요. 그런 부장님을 보니 저도 제 와이프에게 그렇게 해야겠다는 생각이 들었습니다."

이런 질문 형식의 아부는 보통 객관식인데 그 객관식의 보기가 매우 비현실적이다. 앞서 예를 든 질문처럼 대답할 사람들 대부분이 3번을 선택하지 어느 누가 1번이나 2번을 선택하겠는가. 설령 부장이 아내에게 막 대하는 모습을 목격했다고 해도 1번이라고 얘기하겠는가.

이런 질문 형식은 누가 들어도 정말 어처구니가 없다. 하지만 아부하는 사람 입장에서는 앞뒤가 안 맞든 말도 안 되든 그런 것은 필요 없다. 상사만 흐뭇하게 해주면 되는 것이다. 실제로 이러한 유치한 질문에 만족해하면서 고개를 끄덕이는 상사가 의외로 많다.

김진지 과장의 아부는 술자리가 파하고 다들 헤어질 때까지 끝나지 않는다. 상사가 취했든 취하지 않았든 무조건 상사와 같이 택시를 타서 상사의 집까지 간다. 상사가 혼자 가겠다고 하면 상사를 택시 뒷자리에 태운 다음 택시기사에게 택시비를 주고 상사의 집 위치를 얘기해준다. 상사가 뒷자리에서 고맙다고 하면 양손으로 하트를 그리며 마무리한다.

각고의 노력 끝에 상사의 무한한 지원이 시작되면 김진지 과장 같은 아부의 명수는 기세가 하늘을 찌른다. '감히 누가 나를 막을 수 있겠어'라는 글이 이마에 쓰여 있는 것 같다.

김진지 과장이 제일 경계하는 사람은 일 잘하는 사람이 아니다. 상사가 애정을 갖고 있는 것처럼 보이거나 상사에게 웃음을 주는 직원이다.

상사의 사랑과 관심은 오직 자신이 차지해야 한다고 생각하기 때문에 상사에게 조금이라도 잘 보이는 것 같은 직원은 극도로 경계한다.

만일 자신이 모르는 일이 팀에서 진행되거나 불참한 회의가 있다는 것을 알면 그것이 무엇인지 어떻게든 알려고 주변 사람을 집요하게 물고 늘어진다. 혹시 자신이 아닌 누군가가 상사의 칭찬을 받았는지 알고 싶기 때문이다.

김진지 과장 같은 사람이 승승장구하게 된다면 다른 사람들은 점점 조직에 회의를 느끼게 된다. 아무리 열심히 일해 봤자 상사 옆에서 일은커녕 아부나 하는 사람이 더 잘나가니 그 누가 일을 하려고 들겠는가. 어느 순간 김진지 과장 2, 김진지 과장 3만 줄줄이 생기고 능력 있는 사람은 회사를 그만둘 것이 뻔하다. 하지만 아직 떠날 때가 아니라면 김진지 과장이 꼴 보기 싫어도 사무실에 같이 있어야 한다. 스트레스를 되도록 받지 않으면서.

◉ 질문에 정확히 대답해줘라

자신이 모르는 일이 회사에서 벌어지면 아부의 명수는 분명 그 일을 아는 사람이나 옆 사람에게 물을 것이다. 그런데 "몰라도 돼", "아무것도 아니야"라고 대답한다면 아부의 명수는 바로 그 사람을 경계한다. 정말 그 일을 모르기 때문에 "모르는 일이다"라고 해도 뭔가 숨기고 있을 거라고 의심하게 된다. 그렇게 해서 의심을 사봤자 피곤할 뿐이다.

모르는 일의 경우에는 "그 회의할 때 외근 중이었습니다"라고 말하면 자연스럽게 그 일과 무관해진다. 알고 있거나 회의에 참석한 경우라면 회의 자료나 필기했던 노트를 보여주면 더 이상 의심하지 않을 것이다.

⊙ 절대 화를 내지 마라

아부의 명수는 상사 외에 그 누구의 말도 듣지 않는다. 무엇을 물어도 건성으로 "예" 하거나 대답도 하지 않고 컴퓨터 모니터만 보는 경우도 있다.

아니꼽고 짜증이 나도 절대로 화를 내면 안 된다. 그렇지 않으면 감히 자신을 건드렸다고 상사에게 당신을 음해하기 시작할 것이다. 가뜩이나 피곤한 직장생활이 더 피곤해진다.

⊙ 따라가려고 하지 마라

아부의 명수처럼 편하게 살려고 상사에게 접근하지 말라. 아부의 명수가 눈치 채면 그때부터 전쟁이 시작된다. 아부도 실력이라며 인정해주고 신경 쓰지 않는 것이 좋다.

아무리 기고만장해도 상사가 사라지면 끝이다. 상사의 보직이 바뀌어서 다른 팀으로 가거나 실적이 안 돼서 잘리면 아부의 명수는 그때부터 닭 좇다가 지붕 쳐다보는 개꼴이 된다.

필자가 알고 있는 한 아부의 명수는 그토록 아부했던 상사가 하루아침에 다른 부서로 가자 그동안 쳐다보지도 않던 팀원들에게 "앞으로 우리끼리 뭉쳐야 합니다"라는 유명한 말을 남겼다. 하지만 그는 왕따가 되었을 뿐이다.

3

Surviving in a crazy office
오늘도 툭툭 건드리네

이보진 대리는 자기보다 나이 많은 장유동 과장과 사이가 껄끄럽다. 얼마 전 회의 때 장유동 과장이 자신의 일 처리 갖고 지적하자 그때부터 칼을 갈기 시작했다. 장유동 과장이 특별히 문제를 일으키는 사람이 아닌 데다 자신보다 나이와 직급이 위여서 대놓고 뭐라 할 수는 없었다. 그래서 언제 실수를 하나 안테나를 세우고 있었다.

그러던 어느 날, 장유동 과장이 외부 미팅이 있어서 약속 장소로 바로 출근했다. 이보진 대리는 장유동 과장이 자리에 없는 것을 보고 출근시간인 9시에서 1분이 지나자마자 팀장에게 큰소리로 말했다.

"장 과장님, 아직 출근 안 했나 봐요?"

팀장은 현지출근이라고 얘기했지만 이보진 대리는 나름대로 자신의 목적을 다뤘다고 생각했다. 장 과장의 현지출근을 잘 모르는 주변 사람들은 지각했다고 생각하기 때문이다.

자신에게 조금만 뭐라 해도, 자신의 의견에 반대표시만 해도 민감하게 반응하는 사람이 있다. 바로 앞에서 난리를 피우지는 않지만 상대방이 '이거 화를 내야 해, 말아야 해'하는 생각이 드는 정도로만 공격한다. 권투에서 상대선수를 가볍게 수시로 공격하는 잽(jab)처럼 말이다.

이렇게 잽 공격을 하는 사람은 소심한 성격을 갖고 있다. 대놓고 뭐라 할 용기가 없어서 공격이 아닌 척하며 주위에서 툭툭 건드린다.

말을 걸면 쳐다보거나 대꾸도 하지 않아 말한 사람을 무안하게 만들고 의견만 내면 무조건 태클을 걸 뿐만 아니라 꼬투리만 잡으면 놓지를 않으니 갈수록 짜증나게 만든다. 끝내 참지 못하고 화를 내면 그때부터 "민감하게 반응한다", "나이 많은 사람이 그거 같고 화를 낸다"며 오히려 화낸 사람을 우습게 만든다.

⊙ 이해하려고 하지 마라

그래도 같은 사무실에 있으니 이해하자는 생각은 접어둬라. 당신만 보면 오직 꼬투리 잡을 것을 생각하는 사람이다. 도와줄 일이 있어도 절대 모른 척하고 상대방이 요청해도 해준다고 하면서 전혀 해주지 않는다. 한 번 싫은 상대방은 영원히 싫어하는 사람이다.

어설픈 동정심을 보였다가는 만만한 줄 알고 머리끝까지 올라서려고 한다. 태클 걸면 같이 태클 걸고 꼬투리 잡으면 같이 꼬투리 잡아서 끝까지 해보자는 자세로 대하는 것이 좋다.

⊙ 잽을 날리면 바로 컷을 쳐라

옆에서 잽을 날려도 보통 사람들은 업무 때문에 바쁘니 신경 쓰지 못하고 무시하기 일쑤다. 하지만 이보진 대리 같은 사람은 애써 무시하는 것을 공격할 용기가 없기 때문으로 판단하고 잽의 횟수와 강도를 높인다.

한두 번 무시했는데도 잽 공격이 반복되면 과감히 컷(cut)을 쳐라. 툭툭 던지는 핀잔을 시작하려는 찰나에 "제대로 말 못해!", "그걸 말이라고 하는 거야?"라며 평소보다 날카롭게 말하면 더는 건드리지 않을 것이다. 이런 사람은 강한 척하기만 하는 소심한 성격이라 금방 기가 꺾인다.

자기 자리에서 구시렁거리겠지만 예전처럼 당신이 신경 쓰일 정도로 귀찮게 하지는 않을 것이다.

◉ 작은 거라도 챙겨줘라

소심한 사람일수록 작은 것에 감동하는 법이니 커피 탈 때 하나 더 타서 준다든지, 일을 하고 나면 수고했다는 말 한마디를 해주면 당신에게만큼은 되도록 칼을 세우지 않을 것이다. 소심한 사람일수록 작은 배려에 크게 감동하는 법이다. 자연스레 당신은 사무실 생활이 좀 더 편안해지게 된다.

Surviving in a crazy office

조금이라도 힘들면 무조건 미루기

팀장이 이번에 꽤 중요한 프로젝트를 맡을 사람을 정하려고 하자 팀원들은 다 고개를 숙이고 서로 눈치를 보고 있다.

"머리 좀 들어봐. 바닥에 돈이라도 떨어졌냐?"

하지만 모두 고개를 들다 마는 분위기다. 팀장은 하는 수 없이 자신이 정하려고 하자 이유식 대리가 천천히 고개를 들며 말한다.

"김 대리가 전 회사에서 그런 일을 했다는데 이번에도 잘하지 않을까요?"

조금이라도 힘든 업무가 자신에게 돌아올 것 같으면 다른 사람에게 미루기 위해 눈에 불을 켜고 움직이는 사람이 있다. 요리조리 빠져나가는 미꾸라지처럼 말이다. 특히 중요한 업무나 잘못했다가는 사표를 써야 하는 일에는 어떻게든 걸리지 않으려고 이를 악물고 피한다.

이유식 대리 같은 사람은 어떤 업무가 새로 생길 것인지, 그 업무가 힘든지 아닌지를 판단하는 촉수만 발달해서 그것이 느껴지면 절대로 그 일을 맡지 않으려고 발 빠르게 움직인다.

부서에서 업무를 분배하는 사람과는 제일 먼저 친분을 쌓는다. 대부분 자신보다 상사이므로 상사가 좋아하는 것이 있으면 즉시 공수해서 제공하고 상사의 가려운 곳이 발견되면 불이 나게 달려와 긁어준다.

상사가 어느 정도 자신에게 넘어왔다는 확인이 되면 그 후부터는 자신 대신 일을 해줄 사람을 추천한다. 그 일을 누가 맡을지 상사가 결정하기 전에 추천하는 사람과 그 이유를 상사에게 자세히 설명해 그 사람이 맡도록 분위기를 조성한다.

대신 누가 해도 되는 일, 서류의 날짜만 바꿔서 보고하면 되는 일 등은 어떻게든 맡으려고 한다. 최소한 업무일지에 한 줄은 채워야 월급이 나온다는 것을 알기 때문이다.

⊙ 미꾸라지가 누구인지 알아내라

미꾸라지 같은 사람 앞에서 예전에 어떤 일을 했었는지, 현재 관심을 갖고 있는 업무 분야는 무엇인지 등 일과 조금이라도 관련된 말을 하면 미꾸라지의 추천 리스트에 올라가게 되어 있다. 그러니 미꾸라지가 누구인지 먼저 알아내야 한다.

어느 순간부터 상사가 한 직원에게만 유독 쉬운 업무를 배정하기 시작하면 그 사람이 바로 미꾸라지일 가능성이 높다. 상사와 자주 어울리는 사람, 회의시간에 상사를 간절히 바라보는 사람도 꾸준하게 관찰할 필요가 있다.

⊙ 까칠하게 보여라

태클을 걸어도, 일을 몰아줘도 화를 내지 않을 것 같은 사람이 추천 리스트에 주로 올라간다. 성질 있는 사람에게 돌렸다가 자신을 공격하면 입장이 난처해질 수 있다는 것을 알고 있기 때문이다.

한 번 추천했는데 군소리 없이 일을 맡는 사람은 그다음에도, 그다음에도 맡기려고 할 것이다. 그러므로 평소 까칠한 인상을 보여줘서 섣불리 일을 미룰 대상이라는 인식을 하지 못하게 하라.

⊙ 바로 거절하라

누군가 당신에게 일을 미루는 것 같으면 그 자리에서 바로 거절해야 한다. 그 자리에서 제대로 거절하지 않으면 이미 당신이 맡은 것으로 기정사실이 되버리기 때문이다.

거절의 이유는 꽤 설득력이 있어야 한다. "저는 그 일을 할 능력이 안 됩니다"라고 해봤자 "그럼, 여기서 능력되는 사람이 누가 있어?"라는 팀장의 질책만 들을 뿐이다. 지금 하고 있는 일의 양과 마감기한을 자세히 이야기하면서 새로운 일을 맡을 시간이 없다고 피력하는 것이 제일 낫다.

불리하면 무조건 거짓말

"휴대전화에 저장된 번호가 넘쳐서 더 저장하려고 해도 할 수가 없는데 이 팀장은 휴대전화에 몇 명이나 저장되어 있어?"

"내가 부동산으로 부자가 될 수 있었지만 이 분야가 좋아서 부동산을 포기하고 왔단 말이야."

어느 조직을 가나 자신이 대단하다며 떠들고 다니는 사람이 있다. 오로지 자신이 잘났다는 포장을 하기 위해서 하는 말이라 사람들은 다 허풍이라는 것을 알고 있기 때문에 호응을 해 주면서 웃어 넘긴다.

필자는 회사 블로그, 홈페이지도 없던 시기에 회사에서 웹 마케팅을 했다는 사람도 본 적이 있다. 그 뒤로 그 사람 입에서 나오는 것은 이산화탄소 외에는 다 허풍이라고 결론 내렸다.

사실 사람들의 허풍은 가끔 즐거움을 준다. 반복되는 업무에 지친 직장인에게 허풍을 떨며 오버하는 모습은 술자리의 색다른 안주거리가 되어 주기 때문이다. 이러한 허풍은 큰 문제가 되지 않지만 거짓말은 얘기가 달라진다.

"김 대리, 지금 사장님 실에서 나오는 길인데 그제 회의한 자료 사장님께 올리라고 했는데 안 올렸어?"

"예? 저는 올리라는 말 들은 적 없는데요."

"뭐가 들은 게 없어. 그제 회의 때 올리라고 했잖아!"

"차장님, 저는 듣지 못했습니다."

회의 때 참석한 다른 사람들도 차장의 의견에 동조하지만 김진보 대리는 끝까지 못 들었다고 발을 뺐다.

그나마 회사 구성원 사이에 벌어진 거짓말 소동은 내부에서 마무리되는 일이지만, 거래처나 소비자와 관련된 일에서 담당 직원이 거짓말로 일관하면 회사의 인지도에 큰 타격을 입는다.

판단 착오로, 깜박해서, 무리하게 밀어붙였다가 자신이 조금이라도 불리해지면 수습보다는 남에게 떠넘기거나 현실을 자신에게 유리하게 바꾸려고 거짓말부터 하는 사람이 있다. 일단 거짓말로 지금만 넘어가면 될 거라는 생각을 하기 때문이다. 하지만 한 사람의 거짓말로 인해 조직 전체가 현실을 잘못 판단하거나 처리 시기를 놓치면 그로 인해 발생하는 피해는 자칫 회사의 운명까지 건드릴 수 있다.

조금이라도 자신이 불리하면 거짓말부터 하는 사람과 한 사무실에 있다면 그 거짓말에 속지 않도록 해야 한다.

⊙ 구체적으로 물어봐라

눈앞의 사람만 속여 넘길 생각으로 거짓말을 하는 것이기 때문에 일의 전 과정에 대해 구체적으로 물어봐라. 거짓말 대부분은 급조한 것이므로 조그만 구체적으로 파고들어도 금방 잘못되었다는 것이 탄로가 나게 되어 있다.

구체적으로 물어보면서 앞뒤가 맞지 않는 부분이 발견되는 즉시 그 부분에 대해 설명을 요구하면 더 이상 거짓말을 하지 못할 것이다.

⊙ 일과 관련해 흔적을 남기게 하라

거짓말을 한 번 한 사람은 두 번, 세 번 할 가능성이 많으므로 처음부터 일할 때 중요한 부분은 흔적을 남기게 한다. 거래처에 연락할 때는 전화보다 메일을 보내게 해서 차후에 문제가 발생하면 메일 내용으로 잘잘못을 판단할 수 있게 하는 것도 하나의 방법이다.

◉ 제3자를 개입시켜라

거짓말을 자주 하는 사람은 표정 연기가 뛰어나고 눈 하나 깜박이지 않는 여유까지 겸비하고 있다. 섣불리 의심했다가는 '내가 괜히 생사람 잡은 거 아냐'라는 오해가 들게 만든다.

거짓말을 자주 하는 사람과 같이 프로젝트를 진행하게 된다면 일이 잘못됐을 때 거짓말을 하지 못하게 처음부터 제3자를 개입시킨다. 보고할 일이 생기면 같이 상사 앞에 서서 보고하고, 회의를 하면 다른 사람을 동석시켜서 차후 발생할 거짓말 소동에 내 편이 되어줄 우군을 미리 만들어라.

나를 위해 희생해다오

일이 잘 되면 서로 자기가 했다고 나서는 사람이 많지만 반대로 잘 되지 못하거나 회사가 큰 피해를 입게 되면 약속이라도 한 것처럼 모든 사람이 조용하다. 이쯤해서 꼭 나타나는 사람이 있다.

"이 대리가 마무리를 제대로 하지 못해 결과가 좋지 않았어. 내가 그렇게 방법을 알려줬는데 말이야."

바로 자신 대신 화살 맞을 사람을 대놓고 말하는 사람이다. 분명 자신의 잘못으로 일이 틀어진 것을 알지만 자신 대신 책임을 져줄 희생양부터 찾는다.

불리하면 거짓말부터 하는 자세에서 좀 더 발전했다고 볼 수 있다. 거짓말은 잘못되면 의심을 받을 가능성이 높지만 희생양을 내세우면 확실히 피할 수 있기 때문이다.

위급할 때 희생양을 만들어 바치는 사람은 평소에도 다른 사람들에게 자신을 위해 어느 정도는 희생하라고 강요한다. 조금이라도 복잡한 일은 다른 사람에게 부탁하는 행동이 대표적이다.

도움을 요청할 일이 생기면 상대방에게 자신의 자리로 오라고 하고는 키보드와 마우스를 건네준다. 아예 다 해달라는 것이다. 일을 대신 처리해줘도 고맙다는 말은 거의 하지 않는다. 당연히 해주는 걸로 안다. 그 모습이 마치 직원에게 일을 시키는 사장처럼 보인다.

혹여 대신 해준 일에 문제가 생기면 "김 대리가 해준 건데, 제가 어떻게 된 건지 물어 보겠습니다"라며 책임을 전가하기 일쑤다.

심하면 사소한 일도 무조건 상대방에게 부탁부터 한다.

"두 명씩이나 갈 필요는 없으니, 오 팀장이 가서 내 것까지 갖고 와줘."

"최 팀장이 이왕 할 때 내 것까지 해결해주면 좋을 텐데…."

만일 자신이 도와달라고 했는데 도움을 주지 않거나 화내는 사람이 있다면 상대방을 속 좁은 사람으로 만들어 버린다.

"그거 알려주는데 뭐 얼마나 걸린다고, 거참."

"그것 같고 화를 내냐? 남자라면 그릇을 좀 넓게 가져."

⊙ 차일피일 미뤄라

주변 사람을 비서 부르듯이 불러 놓고는 손가락 하나 까닥하지 않고 무조건 해달라고 하면서 문제만 생기면 해준 사람 탓을 하니 당연히 도와줄 필요가 없다. 그러나 도와주지 않으면 옆에서 계속 투덜댈 것이 뻔하다.

당신에게 부탁을 할 때 지금 급한 일을 하고 있으니 끝나면 도와주겠다고 말하라. 대신 언제 끝난다는 말은 하지 마라. 도와줄 기미가 보이지 않으면 알아서 다른 사람에게 부탁하러 갈 것이다.

⊙ 짜증은 절대 금물

자신의 부탁을 들어주지 않으면 그 사람 옆에서 "이거 해주는데 얼마나 걸린다고…", "바빠 보이지 않는데 이것 좀 해주지"라고 투덜거린다. 그 말을 들으면 사람들 대부분은 참지 못하고 한마디 하게 된다.

"제가 지금 중요한 업무로 정신없으니까 다른 사람에게 부탁하라고 한 거 아닙니까! 그렇게 말씀하시면 제가 나쁜 사람이 되잖아요!"

"그 정도 일은 누구나 다 하는데 왜 못 하시는 겁니까?"

결국 이처럼 언성을 높이거나 쏘아붙이게 되는데 오히려 희생양을 찾는 사람을 자극하게만 만든다. 그때부터 그 사람은 당신이 없는 자리에서 작은 거 하나 부탁했는데 해주지도 않으면서 화만 낸다며 당신을 모함하고 헐뜯을 것이다. 또한 당신의 전후사정을 모르는 주변 사람들은 화를 내고 있는 당신을 작은 일에도 민감하게 반응하는 사람이라고 오해할 수 있다. 당신의 이미지가 좋지 않게 되는 것이다.

가뜩이나 스트레스가 쌓여서 민감한데 계속 열이 나게 만들면 조용히 일어나 밖에 나가 바람을 쐬면서 마음을 차분하게 만들어라.

감정을 누그러뜨리고 안정을 찾은 다음 사무실에 들어오면 그 사람은 다른 사람에게 부탁하고 있을 것이다. 만일 그 사람이 아직도 당신의 자리 근처에 있으면 바쁘더라도 그 사람이 부탁한 일을 빨리 해주고 보내라.

◉ 부하직원이라면 스스로 뒷수습하게 하라

자신이 잘못해놓은 업무를 모른 척하는 뻔뻔한 부하직원이 있다면 그가 해야 할 다른 일은 모두 멈추게 하고 잘못된 일을 스스로 뒷수습할 때까지 계속 시켜라.

업무 마무리까지 분명 부족한 일정을 마감시간으로 정해 야근에다 철야까지 하도록 하라. 그리고 다른 직원들에게 도움을 주지 않도록 주의시켜라. 스스로 일을 하도록 훈련시키는 것이다.

2장

술 생각난다

난 아무 관련도 없는데 왜 그 결과에 책임을 져야 하는지, 능력은 없으면서 학력으로만 밀어붙이는 똘똘이 안경 팀장과 은근히 위해주는 것 같으면서 뒤에서 욕하는 동기를 어떻게 대처해야 하는지 정말 미칠 노릇이다.

직장생활을 하다보면 저 얼굴에 "야, 그렇게 잘났으면 네가 해!"라고 말하면서 결제판을 던지고 싶은 마음이 굴뚝같을 때가, 저 허리띠 위로 부끄럼 없이 나온 배에 가차 없이 킥을 날리고 싶을 때가 하루에도 한두 번이 아니다.

하지만 자리를 구하지 못해 떠돌아다니는 영혼이 많은 거리로 나가봤자 "그런 거 하나 못 참고 나왔냐? 이 바보야!"라는 꾸중과 찬바람만 반겨줄 건 빤하니 억울하고 속 터져도 참는다.

이대로 참기에는 도저히 안 될 거 같아 술로 위안을 삼아보지만 그것도 하루 이틀이지 어떻게 해야 하나?

뒤집어쓰다

외근을 나갔던 영업부장이 씩씩거리면서 들어온다. 그리고 갑자기 "누가 이면지에 프린트했어!"라고 소리 지르는 게 아닌가. 거래처에 자료를 주려고 봤더니 이면지에 프린트가 된 것이었다.

팀장은 영업부장과 눈이 마주치자 "김 대리, 이면지에 프린트하면 어떡해!" 하고 말하며 김 대리를 흘겨본다. 김 대리는 얼떨결에 "죄송합니다"라며 고개를 숙인다. 하지만 김 대리는 오늘 무언가를 프린트해서 영업부장에게 준 적이 없다. 문제의 이면지 서류는 팀장이 프린트한 것이다.

오전에 영업부장은 팀장에게 서류를 프린트해달라고 부탁했다. 보통 사무실에서는 물품을 아끼는 차원에서 프린터기에 이면지를 넣는다. 그 대신 중요한 서류일 경우 새 종이를 넣어서 프린트한다. 따라서 상황에 따라 프린트기를 살펴야 한다. 그런데 팀장은 종이상태를 확인하지 않고 그냥 프린트를 해버린 것이다. 그 서류를 받고 확인하지 않은 영업부장도 책임이 있지만 팀장 잘못 만난 김 대리가 가장 억울하다.

회사생활에서 억울한 일 중 하나가 남이 저지른 과오를 자신이 책임지게 되는 경우이다. 보통 뒤집어썼다고 말하는데, 그만큼 화나는 일도 없다.

이면지 프린트 사건 정도는 쓴웃음 한 번 짓고 지나칠 수 있다. 억울하게 뒤집어쓰는 바람에 하루아침에 회사에서 잘린 사람도 있을 테고, 하소연할 겨를도 없이 회사가 입은 피해액수 때문에 자신의 지갑을 열어야 했던 사람도 있을 것이다.

내가 잘못했다면 당연히 책임을 져야겠지만 처음 듣는 일인데 상사는 책임지라고 떠넘기고, 다른 사람이 잘못해서 망친 일인데 그 사람은 뒤로 빠져 있고 동네북도 아닌 내가 갑자기 책임지게 되면 미처 펄쩍 뛸 일이다. 이런 말도 안 되는 상황이 닥치면 어떻게 돌파구를 찾아야 할까?

⊙ 바로 부정한다

자빠뜨려도 벌떡벌떡 일어나는 오뚝이처럼 뒤집어쓰게 되는 순간 당장 일어나 자신은 모르는 일이라고, 내가 한 게 아니라고 말해야 한다.

보통 그런 상황이 되면 '내가 그걸 했나?' 하고 잠시 혼동하게 된다. 순진하고 정직한 당신으로서는 도저히 이해가 되지 않는 상황이라서 그렇다. 하지만 당신이 잠시 생각하는 사이 (당신을 타깃으로 삼은) 상사나 동료는 당신이 저지른 것처럼 재빠르게 분위기를 굳힌다.

기억을 되돌리면서 자신이 하지 않았음을 확신한 다음 아니라고 말할 때는 늦었다. 이미 주변 사람들은 당신이 잘못한 것으로 생각하고 있으니 말이다.

그러니 뒤집어쓰게 될 상황이 발생하면 즉각 반응해야 한다. 일단 "그 일은 제가 하지 않았습니다", "제가 맡은 부분은 잘못되지 않았습니다" 등의 말로 화살을 피할 시간을 만들고 분위기를 살피면서 그 상황을 피할 방법을 빨리 찾아라.

누군가에게 SOS 신호를 보내려고 하지 마라. 모든 사람이 다 외면할 것이다. 나 아닌 다른 사람이 뒤집어쓰고 있는데 굳이 나서서 같이 뒤집어써줄 바보는 없다.

◉ 자신에게 올 피해를 미리 예상한다

뒤집어쓰게 되는 것은 대부분 자신보다는 남의 잘못으로 발생하기 때문에 예상하지 못한 순간에 오는 경우가 많다. 사람들은 갑작스럽게 발생하는 일이나 상황에는 제대로 대처하지 못한다. 그러니 항상 긴장하고 자신과 조금이라도 관련이 있는 일에 문제가 발생하면 혹시 자신에게 어떤 피해가 올 지 주시하면서 방어책을 마련해놓고 있어야 한다.

Surviving in a crazy office

뒤통수를 맞다

신명철 팀장은 '뒤통수치기'의 명수다. 앞에서는 위해주는 척하면서 뒤에서 뒤통수를 친다. 안심하게 만들어놓고 쥐도 새도 모르게 공격하는 것이다. 그 일로 따지러 오는 사람이 있으면 "내가 뭐?", "나는 잘 모르는 일이야" 식의 자세로 일관한다. 당신이 아무리 따져봤자 오히려 엄한 사람을 모함한다면서 일을 더 크게 만든다.

어느 날, 한 직원이 사장에게 잘리자 사무실에서는 신 팀장이 분명 이간질했다는 소문이 돌았다. 이를 눈치 챈 신 팀장은 술자리를 만든 후 자신이 사장에게 그러지 말라고 요구하면서 언성까지 높였지만 끝내 받아들여지지 않았다고 진화에 나섰지만 그 말을 믿은 사람은 거의 없었다. 오히려 술자리 후 사람들은 신 팀장이 사장의 결정에 부채질했을 것이라고 확신하게 되었다.

신 팀장의 뒤통수치기는 상사라고 해서 멈추지 않는다. 자신을 조직 내 서열 3위 정도 된다고 생각하면 서열 2위가 되기 위해 현재의 서열 2위를 깎아내리는 데 여념이 없다.

예전 술자리에서 서열 2위인 상사와 언쟁이 붙어 자신이 계급장 떼고 한판 붙자고 했더니 상사가 사장에게 말려달라며 벌벌 떨었다고 부하직원들에게 자주 말했다. 자신이 실질적인 서열 2위라는 말을 하고 싶은 것이다. 나중에 그 술자리에 동석한 사람에게 확인해보니 그런 일은 없었다.

자신을 계속 모함하고 다니는 것을 안 상사가 신 팀장에게 사장과 삼자대면을 하자고 제안했다. 그러자 신 팀장은 "뭔가 오해하셨나보네요. 제 말씀은 그게 아니라…" 하면서 말을 바꿔 얘기하는 것이 아닌가.

사장은 좋은 게 좋은 거고 같은 회사 사람이면 한 가족인데 그만하자며 서둘러 마무리했다. 이러면 상사만 바보가 되는 셈이다. 끝내 상사는 회사를 나가버렸다.

서열 2위가 되기 위해, 자기 자리를 지키기 위해 이간질하고

유언비어로 다른 사람들을 깎아내리는 신 팀장 같은 사람이 당신과 한 사무실에 있다면 당신도 언제 뒤통수치기에 당할지 모른다.

이렇게 뒤통수치는 사람에게 효과적으로 대응하기란 쉽지 않다. 언제 어떻게 뒤통수를 칠지 모르기 때문이다. 설사 녹음기로 그와의 대화를 녹음한다 해봤자 그는 녹음된 자신의 목소리를 들으면서도 떳떳하게 "뭔가 잘못 이해하신 거 같은데"하면서 능청스럽게 말을 바꾼다.

⊙ 어울리지 마라

뒤통수를 잘 치는 사람과 되도록 어울리지 마라. 어울리는 것을 본 주변 사람들은 "같이 붙어 다니니 저 사람도 언젠가 뒤통수를 치겠지. 조심해야지"라며 당신을 경계하기 시작할 것이다. 괜한 오해를 만들 필요는 없다.

⊙ 양보하는 게 좋다

뒤통수를 잘 치는 사람과 마찰이 생기면 되도록 한 발 물러서는 것이 좋다. 부닥쳐봤자 뒤통수칠 대상일 될 뿐이다.

◉ 방어무기를 만들어라

만일 함께 일을 하게 되면 중요한 사항은 메일이나 서류로 반드시 남겨라. 일이 잘못되면 자신은 피하기 위해 분명 당신에게 어떻게든 뒤집어씌울 것이다. 그때 메일, 서류 등 활자화가 되어 있는 자료는 당신을 방어해주는 무기가 된다.

날 우습게 아네

강형석 과장은 성격이 유해 다른 사람에게 아쉬운 소리를 잘 하지 못한다. '그냥 내가 하고 말지', '좋은 게 좋은 거야'라는 생각으로 일이 많으면 많은 대로 적으면 적은 대로 묵묵히 처리한다.

그런데 언제부터인가 사무실 사람들이 힘든 일을 자신에게 미루더니 조금만 힘들어도 자신을 부르는 것이 아닌가.

"강 과장님, 예전부터 해주셨던 일이니까 좀 해주세요."

"강 과장, 나 대신 그 거래처 미팅에 가주면 안 될까? 우리 딸내미가 아빠 본 지 오래됐다고 오늘은 꼭 일찍 들어와 달라 잖아. 강 과장, 그 거래처 미팅 가면 4차는 기본인 거 알지? 그래도 우리 동기잖아."

강 과장은 일이 바빴지만 일의 연장선이라고 생각하고 사람들이 요청하는 대로 받아서 해줬다. 누구의 부탁은 들어주고 어떤 사람의 부탁은 거절할 수도 없는 노릇이니까 말이다.

그러던 어느 순간 자신은 너무 바빠 점심도 못 먹을 지경인데 다른 사람들은 아주 여유 있어 보이는 게 아닌가. 게다가 일을 대신 해줘도 문제가 발생하면 전부 강 과장의 책임으로 몰아갔다.

"아니 강 과장, 이거 하나 해주면서 이렇게 틀리면 나더러 어떻게 하라는 거야", "그 부분은 제가 한 게 아니라 강 과장이 해주셨습니다" 하며 강 과장을 난처하게 만들었다.

슬슬 짜증이 난 강 과장은 계속된 사람들의 요청에 "제 일도 첩첩산중이니 못 하겠습니다"라고 정중하게 거절하기 시작했다. 그러자 사람들은 강 과장이 까칠해졌다, 이상해졌다며 수군거리기 시작했다. 강 과장에게 고마움을 표시하는 사람보다 욕을 하는 사람이 더 많아졌다. 강 과장은 얼마나 자신을 우습게 알면 사람들이 이렇게 대하나 싶어 퇴근한 후 홀로 술 한 잔을 한다.

세상은 참 희한하다. 누군가가 잘해주면 자신도 잘해줘야 하는데 만만하게 보고 홀대하기도 한다. 반면, 자신에게 까칠하게 구는 사람에게는 제대로 말도 못한다. 잘해주는 사람에게는 같이 잘해주고 까칠한 사람에게는 같이 까칠해야 하는데 오히려 반대로 행동하는 것이다.

사람은 잘해주는 사람 앞에서는 점점 긴장을 하지 않고 아주 편하게 보는 습성이 있다. '이 사람은 나한테 잘해주는 사람이다. 그러니 내가 어떤 행동을 해도…'라는 생각을 은연중에 하는 것이다. 그러나 자신에게 까칠하게 하는 사람 앞에서는 괜히 말이나 행동을 잘못했다가 시끄러울 게 빤하니 알아서 조심하는 것이다. '괜히 트집 잡히지 말자' 하면서.

⊙ 처음부터 만만한 사람이 아님을 보여줘라

직장생활에서는 '처음'이 중요하다. 사람들에게 인식된 처음 이미지는 아주 특별한 이벤트가 없는 한 꽤 오래 지속된다.

처음부터 일을 잘하면 중간에 실수를 해도 '계속 잘할 수는 없지'라는 무언의 평가로 넘어갈 수 있지만, 처음부터 일을 못하면 중간에 잘해도 '계속 못할 수는 없지. 어쩌다 한 번 우연이겠지'라는 무언의 평가로 성과의 빛이 바랠 가능성이 높다(드라마에서처럼 처음에 무능한 이미지였는데 대형 프로젝트를 잘 따와 훌륭히 처리할 경우 유능한 이미지로 바뀌지만 그런 일은 현실에서는 잘 이뤄지지 않는다). '처음부터' 자신의 이미지를 상대방에게 '나는 만만한 사람이 아니다'라고 알려줄 필요가 있다.

⊙ 상황에 따라 행동을 달리하라

사실 사람들 대부분은 강 과장처럼 상대방에게 잘해주려는 경향이 있다. 성격이 정말 좋지 않더라도 하루 중 눈 뜨고 있는 시간 대부분을 보내는 회사에서 까칠하게 행동해봤자 손해 보는 짓이라는 것을 알기 때문이다.

하지만 한없이 잘해줬다가는 강 과장처럼 어느 순간 자신의 일은 못하고 남의 뒤치다꺼리만 하는 상황이 되거나 일은 일대로 해주고 아쉬운 소리를 듣는 꼴이 된다.

항상 웃는 얼굴을 보여줘 봤자 상대방은 만만하게 여겨서 '함부로 해도 된다'는 생각을 한다. 그러므로 상황에 따라 잘해주기도 하고 까칠하게 행동하기도 하라.

⊙ 만만하게 보이지 않도록 제대로 말하라

남들에게 일할 때는 전문가처럼, 회식이나 야유회에서는 잘 노는 모습을 보여줘야 한다. 그리고 회의시간에는 자기주장을 확실하게 펼치고 누군가 반론을 제기하면 조리있게 설득하는 모습을 보여줘야 한다.

이러기 위해 필요한 것이 '말'이다. 회사생활에서 '말'은 큰 역할을 차지한다. 보고할 때, 건의할 때, 지시할 때, 담배를 피거나 회식자리에서 잡담할 때도 말을 해야 하기 때문이다. 설령 자신의 이미지가 어수룩하게 인식되었다 해도 회의나 일 관련해서 논리정연하게 의견을 낸다면 사람들은 '저 친구 둔하게 봤는데 일은 똑 부러지는데…', '다시 봐야겠네. 만만한 사람이 아니네'라고 생각하게 된다.

특히 누군가와 언쟁이 붙었는데 말을 잘하면 사람들은 당신을 절대 만만하게 보지 않는다. 겉으로는 잘해주지만 안으로는 뭔가 까칠한 면이 있는 사람이라고 생각할 것이다.

◉ 남의 부탁은 적절하게 걸러라

사람들이 부탁을 해오면 무조건 들어주지 말고 자신에게 도움이 될 만한 일이거나 앞으로도 꾸준히 도움을 부탁할 상대방인지를 고민한 다음 자신의 업무일정에 방해가 되지 않는지 확인하고 응해야 한다.

사람들의 부탁에 응해줄 때는 그것을 해주는 이유(시간적 여유가 있어서 해주는 것이다. 전에 해봤던 일이라 도움을 줄 수 있어서 해주는 것이다), 지금 내게 신세 졌으니 이후 잊지 마라(다음에 내가 부탁하면 들어줘야 한다. 다음 달에 나도 도움 요청할 일이 있으니 그때 잘 부탁한다) 등의 메시지를 상대방에게 분명하게 전해야 한다. '공짜로 해주지 않는다'를 무언으로 알리는 것이다.

⊙ 부드럽고 간결하게 거절하라

상대방의 요청을 거절할 때는 짧게 "바쁩니다", "잘 못합니다"로만 말하지 말고 해주지 못하는 상황을 설명하면서 "이 일이 끝나면 여유가 생기는데 그때 해드려도 늦지 않을까요?"라며 도와줄 마음은 있는데 사정상 힘들다는 여운을 남기는 말을 해야 한다.

평소 말은 짧고 간략하게 하는 것이 좋지만 거절할 때는 최대한 부드럽고 간결하면서 자세하게 해야 한다.

혹시나 하는 마음에 덧붙이지만 상대방은 아무런 부탁도 하지 않았는데 착하게 보이려거나 잘 보이려고 먼저 무언가를 도와주겠다는 말을 하는 것은 정말 바보 같은 행동이다.

상대방은 고마워하기보다 '저거 일 안 하고 노는 거 아냐?',

'어라, 앞으로 종종 부탁해야겠네'라고 생각할 뿐이다. 정말 일이 없다고 해도 바쁜 것처럼 보여야지 착한 사람으로 변하려고 하지 마라.

말로 공격하면 말로 받아쳐라

앞에서 회사생활 대부분은 '말'이 큰 역할을 차지한다고 언급했다. 회사생활을 하면 정말 말을 많이 한다. 싫은 사람이냐 좋은 사람이냐 상사냐 부하직원이냐 그 대상은 중요하지 않다.

보고할 때, 아부할 때, 자기 PR할 때, 변명할 때, 수습할 때 필요한 것은 바로 '말'이다. 특히 당신을 만만하게 보거나 걸고 넘어지려는 사람의 공격이 예상하지 못한 상황에서 '말'로 이뤄질 수 있으니 그때를 대비한 '말' 준비를 평소에 해놓아야 한다.

◉ 애드리브로 위기를 모면하라

갑자기 등장한 사장이 전혀 예상하지 못한 질문을 하거나 발표를 하고 있는데 당신에게 앙심을 품은 사람이 작정하고 질문을 던진다면 쉽게 당황해서 말실수를 하거나 우물쭈물할 가능성이 높다. 이때 제대로 대처하지 못하면 다른 사람들에게 말도 제대로 못하는 바보로 인식될 수 있다. 당황해서 말도 제대로 못하고 있는데 얼굴까지 빨개지면 사람들은 '뭐야, 이 사람 별 거 아니구나'라는 생각을 하게 되고, 먹잇감을 노리는 하이에나 같은 사람들에게는 좋은 표적이 된다.

말에 제대로 말로 대처하지 못하면 꼴이 말이 아니게 된다. 그러므로 예상하지 못한 말과 관련해서 나름대로 대처를 잘해야 한다. 특히 예상하지 못한 말은 대부분 당신을 공격하거나 우습게 보고 장난을 거는 내용이 많으니 이를 적절한 애드리브로 슬기롭게 막거나 넘겨야 한다. 사소한 말 공격이나 말장난에 걸려 당황하면 사람들은 당신을 우습게 볼 수 있다.

⊙ 주먹질보다 말로 하라

반드시 누군가 말로 공격하면 당신도 말로 받아쳐야 한다. 당황하거나 격분해서 화를 내거나 주먹을 휘두르면(술자리 같은 곳에서 서로 시비가 붙어 주먹을 휘두르는 경우가 있다) 누가 먼저 시작했는지를 떠나 주먹을 쓴 사람이 무조건 뒤집어쓰게 된다.

그러니 말은 말로 공격하거나 막아야 한다.

누구나 남이 잘 안 되어야 내가 승진하는 상황, 의도하지 않게 당신(의 일) 때문에 난처해진 누군가가 복수의 칼날을 갈고 있는 상황에 처해 있다. 그런 당신에게 누군가 나쁜 감정을 갖고 있다면 당신의 작은 허점이 노출되는 순간 "그것도 몰라요?", "제대로 이해는 하고 있는 건가요?" 등의 말로 공격하게 된다. 물론 기분은 매우 나쁘고 울컥하겠지만 그럴수록 웃으며 자신의 실수를 인정하고 생각해놓은 방안이 있으면 알려달라면서 상황을 빨리 피하는 것이 좋다.

⊙ 외모 갖고 공격하면 능청스럽게 웃어넘겨라

"얼굴이 (그리 잘 생겼다고는 할 수 없는) ○○○ 닮았네요."

당신을 싫어하는 사람이 외모를 갖고 시비 걸 때가 있다. 비교하는 대상의 외모가 어떤지 누구나 알기 때문에 시비를 거는 것으로 당연히 생각할 수 있다. 그렇다고 화를 내면 안 된다. 외모의 단점을 인정하면서 그 점이 아쉽다는 말로 마무리하는 것이 좋다.

코가 낮다고 하면 "그러게요. 코가 조금만 높았다면 장동건처럼 잘 생겼을 텐데 아쉽네요. 수술비 좀 대주시면 휴가를 내서 코를 높여볼까요?"라고 말하면서 능청스럽게 웃어넘기면 된다. 주변에서도 당신의 외모가 별로라는 생각보다 재치 있다고 생각할 것이다.

"제 코 낮은데 보태주신 거 있나요?", "당신 코도 낮네요"처럼 공격해봤자 오히려 주변에서 '웃자고 한 얘긴데 뭐 그리 민감하게 반응하나?', '저 사람 되게 소심하네'라고 생각해 당신을 까칠하게 여길 수 있다. 그러면 공격한 사람은 소기의 목적을 이뤘다고 좋아할 것이다.

짜증이 나더라도 애써 웃으며 적당한 유머로 넘기는 것이 좋다. 날카로운 말로 공격하면 웃기는 말로 받아치는 센스가 필요하다.

⊙ 불리한 상황에서는 화제를 돌려라

술자리에서 취해 계속 말로 공격하거나 장난치는 사람도 있다. 그러면 재빨리 주변 사람들도 대화에 참여할 수 있는 연예, 스포츠 등으로 화제를 돌리는 편이 좋다. 여러 사람이 여기저기서 말을 하면 공격하고 싶어도 공격할 타이밍을 못 찾게 되고 자연스럽게 조용해진다.

말발이 너무 좋아서 어떠한 피드백도 꼬투리를 잡아 다시 공격하는 사람이 있다. 어설프게 대처했다가는 더 당황해질 수 있으니 "예", "아니오" 등의 단답형으로 답하거나 급히 전화할 곳이 생각났다며 자리를 뜨는 게 좋다. 계속 상대해봤자 시간 낭비일 뿐이다.

무조건 전쟁이다

어느 회사를 가나 '나는 엄청난 능력이 있어서 내가 빠지면 회사가 돌아가지 않아'라고 생각하는 사람이 있다. 어깨에 엄청 힘이 들어간 사람이다.

굉장한 프라이드를 갖고 있지만 능력은 그에 반해 뛰어나지 않는다. 오히려 업무를 잘 몰라 실수도 많다. 하지만 실수를 저질러도 자신이 엄청난 능력을 갖고 있다는 착각을 부정하기 싫어 어떻게든 그 상황을 무마하거나 다른 사람에게 책임을 떠넘기기만 한다.

이런 사람은 다른 사람을 눌러야 자신이 올라간다고 생각한다. 누군가가 물어보면 "그것도 몰라요?", "전 직장이 되게 편하셨나 보다. 그런 건 기본으로 다 아는 건데…" 등 깔보는 말부터 내뱉는다. 그렇다고 해결방안을 알려주는 것도 아니고 그렇게 말하고는 외면해버린다.

회의를 하다보면 가끔 서로 의견이 맞지 않거나 주장이 부닥쳐 언쟁할 때가 있다. 감정이 상하고 앙금은 남지만 회의가 끝나면 각자의 일에 집중하느라 어느 정도는 잊어버린다. 하지만 엄청난 프라이드를 가진 사람은 자신의 의견에 반대의견을 내거나 공격한 직원을 도전자로 생각한다. '네가 뭔데 감히 나에게 도전을…', '이것 봐라. 맞짱 뜨자는 거지'라고 덤벼들 생각만 하는 것이다.

석민우 실장은 자기 의견에 조금이라도 반대의견을 제시하거나 의견을 들어주지 않는 사람이 있으면 그다음부터 그 사람을 상대로 무조건 전쟁을 선포한다.

회의시간에 그 사람이 의견만 내면 "그게 되겠어요?", "제가 그거 아는데 잘 안 돼요"라고 말하면서 방해만 한다.

또한 그 사람을 무조건 일 못하는 무능력자, 사고만 치는 사람으로 만든다. 작은 실수만 해도 사무실에서 아주 큰소리로 떠드는 것은 기본이다.

외부에서 그 사람이 석민우 실장에게 뭔가 물어보려고 사무실로 전화하면 "밖에서 그렇게 하면 제가 수습해야 하지 않습니까!" 하며 수화기에 대고 크게 소리를 친다. 사무실 안에 있는 사람들은 영문도 모른 채 외근 나간 직원이 밖에서 사고를 친 것으로 생각하게 된다. 실상은 일에 대해 문의를 한 것인데 석민우 실장은 사고를 친 것처럼 만들어버린 것이다.

황당한 그 사람이 사무실로 들어와 따지면 "그렇게 말한 적 없는데요.", "전화라서 서로 오해가 있었나 보네요. 제가 잘못 이해했습니다. 역시 민감한 얘기는 직접 보면서 해야 한다니까요"라고 말하고는 자리에 앉는다. 상대방만 미칠 노릇이다.

조금만 자신의 마음에 들지 않아도 한판 붙자는 자세로 돌격하는 사람이 있다. 특히 공격적이라고 판단되면 칼날을 더욱 세운다. 이런 사람은 고슴도치처럼 온몸에 가시가 있는 것 같다. 공격할 상대방 주변을 빙빙 돌다가 빈틈을 보이면 쳐들어가는 경우도 있고, 보자마자 가시 달린 몸을 둥글게 만들어서 돌격하는 경우도 있다.

이런 사람들에게는 무슨 말을 하기가 겁난다. 화기애애한 분위기에서 한 농담 한마디도 자기 마음에 들지 않으면 바로 돌변해서 한판 하자고 하니 말이다.

⊙ 무조건 거리 확보

고슴도치처럼 온몸에 가시를 달고 있는 사람이라면 처음부터 자극을 시키지 않는 게 중요하다. 그러기 위해서는 첫째도 거리 확보, 둘째도 거리 확보다.

사무실에서건 회식자리에서건 이동 중이건 간에 그 사람과 어느 정도 거리를 둔다. 질문할 것이 있어도 하지 않고 그 사람의 질문에만 짧게 대답하면서 말을 섞지 않는다.

회의시간에 그 사람의 말이 틀렸어도 아무런 반론을 제기하지 말고 듣고만 있어라. 괜히 문제를 일으킬 필요는 없다.

회의에서 틀린 이야기가 나왔다고 해도 너무 걱정하지 마라. 회의에 나온 이야기가 업무에 반영되는 경우는 거의 없다. 회의는 팀장이 윗선에 보고하기 전에 자신이 팀 전체의 의견을 담기 위해 노력했다는 것을 보여주기 위한 과정일 뿐이다.

⊙ 질문으로 대응하라

무조건 공격하는 사람과 부닥쳐봤자 당신만 손해다. 협조라는 단어는 아예 알지 못하고, 다툰 사람은 절대로 잊지 않고 복수할 타이밍만 생각하는 사람과 어떻게 타협을 보겠는가. 더 큰 싸움만 생길 뿐이다.

이런 사람이 시비를 걸면 질문으로 대응하는 것이 좋다. 상대방은 공격을 멈추고 당신의 질문에 답하기 위해 생각을 해야 한다. 그러면 자연스럽게 공격의 맥은 끊기고 상대방도 김이 빠지게 되니 애매한 표정을 지으며 자리로 돌아갈 것이다.

◉ 훈계하지 마라

지금 달려들고 있는 사람에게 훈계를 해봤자 먹힐 일은 전혀 없다. 더 앙심을 품게 할 뿐이다. 그렇다고 같이 싸우지 마라. 다른 사람이 봤을 때는 둘 다 성격 나쁘고 똑같다고 생각할 가능성이 높다. 괜한 사람 때문에 당신의 이미지까지 나빠지면 그것만큼 억울한 일도 없으니 말이다.

어느 순간부터 아부하는 나

한 사이트에서 직장인 700명을 대상으로 조사한 결과, 87퍼센트 이상이 회사에 꼴보기 싫은 행동을 일삼는 속칭 '찌질이'가 있다고 답했으며, 찌질이 유형으로 '아부형'이 40퍼센트 가깝게 나와 1위를 차지했다. 상사에게 아부하는 사람은 아니꼽다고 생각하는 것이다. 역시 사람은 '내가 하면 로맨스, 남이 하면 불륜'이라는 생각을 한다는 것이 확인되었다. 자신도 어느 정도 알게 모르게 아부하면서 남이 아부하는 것은 못 봐준다니 말이다.

업무만 잘한다고 출세하는 것은 아니다. 업무 외에 사내 정치, 아부, 상하 팀원과의 융화 등도 잘해야 한다. 이 중 '아부'

는 절대 놓치지 말아야 한다.

상사에게 좋은 인상을 심어줘야 직장생활이 편안하다는 사실은 당신도 알고 있지 않은가. 좋은 인상을 심는 빠른 길 중 하나가 아부다. 물론 상사를 향해 두 손으로 하트를 그리는 낯 부끄러운 행동까지는 아니더라도 누구나 하는 정도의 아부는 필요하다.

이러한 아부에 거부감을 느끼는 사람이 많다. 하지만 아부에 대해, 아부하는 자신에 대해 너무 괴로워하지 마라. 어차피 자신은 아부가 아니라고 생각하지만 다른 사람들이 보기에는 아부로 보이기도 하고, 같은 말이라도 아랫사람에게 하면 '칭찬'이지만 윗사람에게 하면 '아부'가 되기도 한다. 이처럼 아부는 자신의 의지와는 상관없이 제3자가 판단하는 경우가 많으니 '아부는 무조건 안 돼'하면서 칼로 무를 베듯이 자르지 말고 너무 고민하지 말자. 그냥 사무실에서는 아부도 일의 일부라고 생각하라.

◉ 평소 하는 말에 한두 문장 더 얹어라

어차피 해야 할 아부라면 민감하게 생각하거나 자책하지 말자. 상사에게 평소 하는 말에 한두 문장 더 하다고 생각하라.

출근하니 상사가 처음 보는 안경이나 옷을 입었다면 출근 인사를 하면서 새로운 스타일에 대한 문장을 추가하라.

"안녕하세요, 팀장님. 어, 새로 안경 하셨나 보네요. 잘 어울리는데요."

그리고 자리에 앉으면 끝이다.

평소 하는 인사말에 한 마디 더 했다고 누가 아부라고 하겠는가. 아부하는 데 시간 오래 걸리지 않는다. 길어야 5~10초다. 5~10초 투자해서 하루 8시간 이상이 편하다면 괜찮지 않는가.

◉ 상사가 웃고 있을 때가 바로 아부 타이밍이다

상사도 사람인지라 자신이 해낸 일에 대해 칭찬을 받고 싶어 한다. 상사의 상사는 물론 아랫사람에게도 마찬가지다.

상사는 뭔가 해내면 팀원을 한 번 쭉 훑어보면서 '이만큼 일을 잘하는 내 아래에 있어서 좋지?', '이 정도면 일 잘하는 상사로 생각하겠지'라는 생각을 한다. 팀원들에게 자랑하고 싶지만 애써 참을 뿐이다. 업무 외에도 자식의 성적이 좋게 나왔을 때, 주식으로 돈을 벌었을 때 등도 마찬가지다. 그때 상사를 더 즐겁게 해주는 부하직원의 말 한마디는 지갑에서 카드를 꺼내

회식을 주도하고픈 생각까지 하게 만든다.

당신의 상사가 오늘 따라 유난히 미소를 짓고 있으면 무슨 좋은 일이 있는지 물어봐라. 분명 그동안 입이 간지러웠던 상사가 폭포수처럼 일장 연설을 할 것이다. 그 연설을 들으면서 중간중간 추임새를 넣어주다가 "감축드립니다"라고 한마디 하라. 그걸로 아부는 끝이다. 일상적인 대화에 불과하지만 티 나지 않는 아부까지 할 수 있다.

⊙ 아부한다고 욕하지 마라

상사 앞에서 손 비비는 직원을 일은 안 하고 아부만 한다고 욕하거나 아부할 시간에 차라리 일을 더 하겠다는 말은 하지 않는 게 좋다. 당신의 그 말을 듣는 주변 사람들은 뒤로 돌아 웃을 뿐이다. 주변 사람들이 볼 때는 그렇게 말하는 당신도 알게 모르게 아부하고 있는 것으로 보이기 때문이다.

자신은 아부하지 않는다는 말은 '아부해놓고 찔려서 부정하는 거 아녀'라는 주변 사람들의 오해만 사게 된다.

⊙ 아부의 정도를 지켜라

모든 일에 정도(正道)가 있듯이 아부에두 정두가 있다. 정두를 벗어난 아부는 '저 자식 팀장의 오른팔이다', '언제까지 아부해서 잘 사나나 보자'라는 식의 공격을 신경 써야 한다.

상사와 단둘이 담배피고 식사하기, 상사하고만 의사소통하기, 상사가 전해준 정보를 다른 직원들에게 함구하기, 상사와 다른 사람의 연결통로를 검열하기 등은 오른팔의 전형적인 모습이다.

다른 사람과는 너무 차이가 날 정도로 상사와 붙어 있으면 오른팔이라는 낙인이 찍힐 수 있다. 상사의 오른팔이 되었다고 해도 상사 편을 두 번 들면 다른 사람 편은 한 번 정도는 드는 수위 조절 등으로 다른 사람들이 경계하지 않도록 해야 한다.

작은 회사 직원의 고충

작은 회사에 다니면 당연히 사무실도 작기 때문에 몇 명 안 되는 직원들과의 좁은 거리에서 오는 스트레스가 만만치 않다. 무엇보다도 사장의 소심함, 불안감이 거의 여과되지 않고 바로 느낄 수 있다는 사실이 가장 큰 스트레스다.

특히 사장 하나, 나 하나 이렇게 있는 회사에서 당신이 바로 그 '나 하나'라면 시간이 흐를수록 견디기가 힘들어진다. 뒤에서 들려오는 사장의 한숨소리는 '나 하나'의 심장을 거칠게 만든다.

사장 하나, 나 하나 회사에 다니는 필자의 후배 이야기를 들어보니 하루 종일 누군가 뒤에서 쳐다보는 것 같고 퇴근할 때까지 감시받고 있는 느낌이 든다고 한다.

자신의 뒤에서 왔다 갔다 하면서 "계약 됐으면 좋겠네, 좋겠어", "남들은 10만 원에 했다는데 왜 우리는 11만 원에 했을까?"라고 하니 일에 집중할 수가 없고 툭 하면 보름만 쓰고 돌려주겠다며 돈 좀 빌려달라니 미칠 노릇이란다.

어느 날은 일찍 출근해봤더니 자신의 컴퓨터와 책상을 뒤지고 있는 사장과 눈이 마주쳤다고 한다. 당황한 얼굴로 어쩔 줄 모르다가 나가버리는 사장의 뒷모습을 본 후 가방 속에 사표를 넣고 다닌다고 한다.

작은 회사의 사장은 있는 돈 없는 돈을 다 짜내 간신히 사무실을 운영하고 있는 경우가 대부분이어서 하루하루가 초조하고 매우 민감한 상태이다.

사장은 회사 통장의 잔고가 점점 줄어들면 직원들이 별로 하는 것도 없이 월급만 받아가는 것 같다고 느끼게 된다. 그렇게 직원들에게 불만이 쌓이게 되면 딱히 화를 낼 상황이 아닌데도 짜증을 부리는 횟수가 잦아지고 직원들에게 슬슬 돌을 던지기 시작한다.

"요즘 불황이라 일자리가 없다네."

신문을 보던 사장이 혼잣말이라고 하기에는 조금은 큰 소리로 말한다. 그 소리를 들은 직원들은 겉으로는 동요하지 않는 것 같지만 속으로는 복잡하고 끔찍해진다.

직원의 자리나 월급을 갖고 협박이 아닌 척하며 협박을 하는 것은 극도로 예민해진 사장이 자주 쓰는 방법이다. 직원들에게 긴장감을 주면서 '지금 여기서 열심히 하지 않으면 밖에 나가서 고생한다'는 말을 넌지시 하는 것이다.

통장에 돈이 점점 줄어들면 사장은 쪼잔해진다. 거래처 사람이 앞에 있어도 나중에 차 닦을 때 쓴다고 음식점의 물수건을 직원에게 챙기라고 지시한다. 또 점심 먹으러 간 중국집에서 자신보다 500원 비싼 음식을 시킨 직원에게 먹는 내내 투덜댄다. 협력업체가 돈 받으러 오면 직원들에게 돈 없는 불쌍한 표정을 지으라고 하는 사장도 있으니 그 쪼잔의 끝은 어디인지 모르겠다.

작은 회사의 사장은 직원들이 퇴근할 때 제일 표정관리를 못한다. 출근시간은 칼 같이 지키라고 매일 직원들을 닦달하면서 퇴근시간을 칼 같이 지키면 얼굴이 일그러진다. 사장은 6시 이후에도 계속 일하기를 바라지만 직원은 5시부터 퇴근시간을 기다린다. 하지만 사장들 대부분은 그 차이를 인정하지 못한다. 그래서 늦게까지 사무실에 남아 직원들을 가지 못하게 하거나 회의시간을 6시로 잡는다. 일주일에 이틀을 '야근 데이'로 정해 무조건 야근하게 하기도 한다.

사장만 문제가 있는 것이 아니다. 사람은 3명만 모이면 파 (派)가 생긴다. 큰 회사에서는 인원이 많으니 여러 파로 나뉘지만 3명만 있는 회사에서 당신을 뺀 나머지 2명이 동맹을 맺었다면 당신은 매우 힘든 상황에 놓이게 된다.

이렇듯 작은 회사는 큰 회사보다 좁은 공간에 서로 가깝게 있어서 신경 쓸 것이 한두 가지가 아니다. 잠깐 졸기도 하고 딴 짓도 하고 싶지만 그럴 여유가 허락되지 않고 하루 종일 긴장해야 한다. 특히 사장이 주는 스트레스는 매우 크다. 하지만 어쩌겠는가. 그것이 작은 회사에 다니는 직원의 운명인 것을.

⊙ 사장의 히스테리는 당연하다고 인정하라

자기 돈이 계속 줄어드는데 이상해지지 않는 사람은 없다. 사장도 마찬가지다. 통장의 잔고가 점점 줄어드니 당연히 히스테리를 일으킬 것이다. 차라리 '저 인간은 원래 저렇지'라고 인정해버리면 아무렇지 않게 넘겨버릴 수 있다. 이 기회에 타인을 이해하는 기술을 익힌다고 생각하라.

⊙ 돈을 쓰지 않는 방법을 찾아라

작은 회사의 사장은 되도록 돈을 쓰지 않기를 원한다. 그러니 돈을 쓰지 않고 뭔가 구하는 방법을 찾아라. 협찬을 받는 것이 대표적인 방법이다. 업무와 관련해서, 회사 제품의 마케팅 관련해서 여기저기 전화해 협찬을 받아오면 사장은 매우 기뻐하며 당신을 신뢰하기 시작할 것이다.

⊙ 가만히 있는 이유가 있는가

매일매일 짜증나고 미칠 것 같은데 사표를 쓰지 않는다면 그 이유를 심각하게 고민하라. 마무리할 일이 있다 등의 이유가 있다면 모르지만 그렇지 않다면 과감히 사표를 쓸 때가 온 것이다.

누군가가 당신에게 책상 두 개 놓고 같이 일하자고 제안하면 가지 않는 것이 좋다. 또한 '작은 회사에 가면 좀 더 많은 것을 배울 수 있지 않을까?'라는 생각은 접어라.

뭔가 하려고 해도 회사의 자금이 부족하기 때문에 계획이 막히는 경우가 대부분이다. 사무실도 작기 때문에 고개만 돌려도 당신을 감시하는 눈과 마주쳐야 하고 사람들의 숨소리, 입냄

새, 땀냄새를 다 맡아야 하니 업무 외의 스트레스도 심하다.

지금 다니는 회사에서 업무에 좀 더 관심을 갖고 다른 부서 사람들과 자리를 수시로 만들면 그것이 일에 대해 더 많이 알게 되는 통로가 된다.

Surviving in a crazy office

사장의 공격이 시작된다

고석 사장은 내보내고 싶은 직원이 생기면 그 직원의 업무에 계속 태클을 건다. 아무리 잘해놓아도 소용없다. 이미 마무리한 작업인데도 갑자기 전화를 걸어 다시 작업하라고 명령을 내린다. 사장에게 다 보고하고 OK 사인을 받은 것인데 다시 하라고 하니 그동안 작업했던 직원 입장에서는 정말 환장할 노릇이다. 회식자리에서는 그 직원이 바로 앞에 앉아 있어도 말 한마디 걸지 않는다. 사장의 그런 태도를 계속 보게 된 직원은 무언가 잘못됐다는 것을 인지하고 결국 사표를 낸다.

몇 백 명 이상이 다니는 회사에서는 이런 일이 거의 일어나지 않지만, 몇 명에서 수십 명 정도 규모의 회사에서는 팀장이

나 부장이 아닌 사장이 직원을 직접 공격할 때가 있다.

사장이 직접 공격하는 이유는 딱 하나다. 싫은 직원을 하루라도 빨리 스스로 나가게 하는 것이다. 직원을 자르고 싶은데 강제로 쫓아내면 시끄럽기도 하고 지금까지 직원을 잘 대우해주는 '착한 사장'이라는 이미지가 하루아침에 사라질 것이 두려워서 스스로 나가게 만드는 것이다.

현실적으로 사장의 공격이 시작되면 월급을 받는 사람 입장에서는 막을 수 있는 처지가 되지 못한다. 팀장이 힘들게 하면 그보다 위에 있는 상사나 사장에게 건의를 해서 살아남는 경우도 간혹 있지만 사장의 공격을 막을 사람은 사무실에 아무도 없기 때문이다. 도와줄 사람이 아무도 없는 것이다.

다른 상사와는 다르게 사장의 공격은 짧은 시간에 집중적으로 이뤄진다. 상사는 미운 부하직원을 공격하려면 맡은 일도 하면서 상황을 보고 타이밍도 찾아 공격해야 하기 때문에 시간이 필요하지만 사장은 상대적으로 여유가 있어서 하루에도 몇 번씩 공격할 수 있다.

사장의 공격을 받는다면 나갈 준비를 해야 한다. 누구도 도와줄 수 없고 뾰족한 방법도 없기 때문이다. '나가면 갈 때도 없으니 어떻게든 버텨보면 사장도 넘어가지 않을까'라는 순수한 생각은 접어라. 시간이 지날수록 사장의 공격은 강해질 뿐이다. 휴가 일정을 제출했더니 사장이 복귀하지 말라고 했다면 휴가를 포기하는 것이 아니라 사직서를 쓰는 게 맞다.

다른 직원들도 사장의 공격은 빨리 눈치 챈다. 공격받는 사람이 버틸수록 다른 직원들의 원망은 깊어가며 어떤 경우에는 대놓고 말한다.

"좀 나가주면 안 되겠어요?"

자신을 도와주는 사람이 없다고 분노하지 마라. 입장을 바꿔 생각해보라. 평소 친한 사람이라도 사장의 공격을 받는 대상이 되었다면 당신도 그 사람과는 조금씩 거리를 둘 것이다. 괜히 가까이 있다가 불똥이 튈까 봐 걱정되기 때문이다.

사장이 당신을 보는 눈빛이 왠지 예전과 다르다면 다른 자리를 알아볼 때가 온 것이다. 구차하게 버텨봤자 비참해지기만 한다.

누군가를 잘라야 하다니

일을 하다보면 자연스럽게 승진하고 부하직원을 두게 된다. 그렇게 되면 부하직원의 일까지 챙겨야 하다 보니 정작 자신의 일은 야근하면서 할 때가 많다. 육체적·정신적으로 힘은 들지만 "팀장님" 하면서 고개 숙이는 부하직원을 볼 때, 자신의 팀이 하나가 되어 프로젝트를 마무리해 성과급을 받을 때 느끼는 쾌감도 크다.

그러나 운명의 장난처럼 어제까지만 해도 술잔을 기울이며 파이팅을 외친 부하직원을 어려워진 회사 사정 때문에, 조직 구성의 변화에 따라 인력이 남게 되어서, 성과가 없어서 등의 이유로 잘라야 할 때가 온다. 윗선에서 누구누구를 이번 달 말까지 내보내라고 지시가 떨어지면 정말 술 생각이 간절해진다. 어느 누가 손에 피를 묻히고 싶겠는가. 작은 회사라면 잘리는 직원이 그만둘 때까지 좁은 공간에서 계속 마주쳐야 하는 부담감도 적지 않다.

회사의 지시를 거스를 수도 없으니 부하직원을 잘라야 한다면 정말 주의해야 한다. 지시에 의해 어쩔 수 없이 하는 일이지만 빨리 끝내려고 급하게 전달했다가 오히려 잘리는 부하직원과 철천지원수가 될 수 있다. 자신은 위의 명령을 그대로 따른 것뿐인데 말이다.

자른다는 말을 할 때는 해당 직원과 단둘이 있을 수 있는 장소를 마련하고 되도록 다른 직원이 없는 시간에 조용히 부르는 게 좋다. 서두를 꺼내기 전에 어두운 표정이나 평소와 달리 가라앉은 목소리 등으로 용건이 심상치 않다는 암시를 주는 것도 이야기를 풀어갈 때 도움이 된다.

당신은 해당 직원에게 왜 회사에서 나가야 하는지를 간결하게 설명해줘야 한다. 반드시 당신이 아닌 회사의 지시라는 말은 중간중간에 해야 한다. 상부에 재고할 것을 계속 요청했지만 회사의 지시여서 더는 어쩔 수 없었다는 말도 함께하며 조금이라도 상대방이 당신에게 비난의 화살을 쏘지 않도록 한다.

말만 계속하지 말고 상대방의 표정이나 행동 변화를 살피면서 말의 속도를 조절해야 한다. 상대방이 울면 위로의 말을 주로 하면서 울지 않을 때까지 기다려야 한다. 만일 해당 직원이 내가 왜 잘려야 하는지 모르겠다면서 난리를 치면 절대로 화내지 말고 분을 가라앉힐 때까지 자리를 비켜준다.

평소 까칠하고 모가 나 있는 부하직원이라면 악한 마음을 품고 회사 서버에 바이러스를 넣거나 거래처에 악의적인 소문을 내는 사고를 칠 수 있으니 다른 직원에게 해당 직원의 컴퓨터, 책상 정리를 대신하라고 지시한다. 그 사이 담배 좀 피우자며 회사 옥상으로 불러 권고사직을 이야기한 다음, 짐은 챙겨서 보내줄 테니 담배 다 피우고 바로 집으로 가라고 하는 것도 한 방법이다. 잔인해 보이지만 사고를 치고 떠난 직원 때문에 뒷수습하느라 며칠간 골머리를 앓는 것보다는 낫지 않은가.

손에 피를 묻히는 것은 정말 그 누구도 하기 싫은 일이다. 회사의 지시를 대신했다고 해도 누군가를 자른 놈이라는 화살은 당신에게 가지 않을 수 없다. 하지만 어쩌겠는가. 당신도 회사의 지시를 따라야 하는 월급쟁이인 것을.

당신의 손에 피를 묻혔다면 빨리 닦는 것이 중요하다. 술자리를 만들어 팀원들에게 회사의 지시 때문에 어쩔 수 없었다며 자신의 의도가 아님을 강조해야 부하직원들이 조금이라도 당신에 대한 경계를 늦추게 된다.

당신이 판단했을 때 성실한 부하직원이 잘렸다면 다른 곳에 취업할 수 있도록 여기저기 전화를 돌려라. 이는 마지막 인상을 조금이라도 좋게 해줄 수 있고 죄책감도 덜어준다.

그렇지 않은 부하직원이라면 굳이 그러지 마라. 전시용임이 들통 나거나 능력도 없는 직원을 제대로 판단하지도 못하는 상사라고 나중에 욕 얻어먹는다.

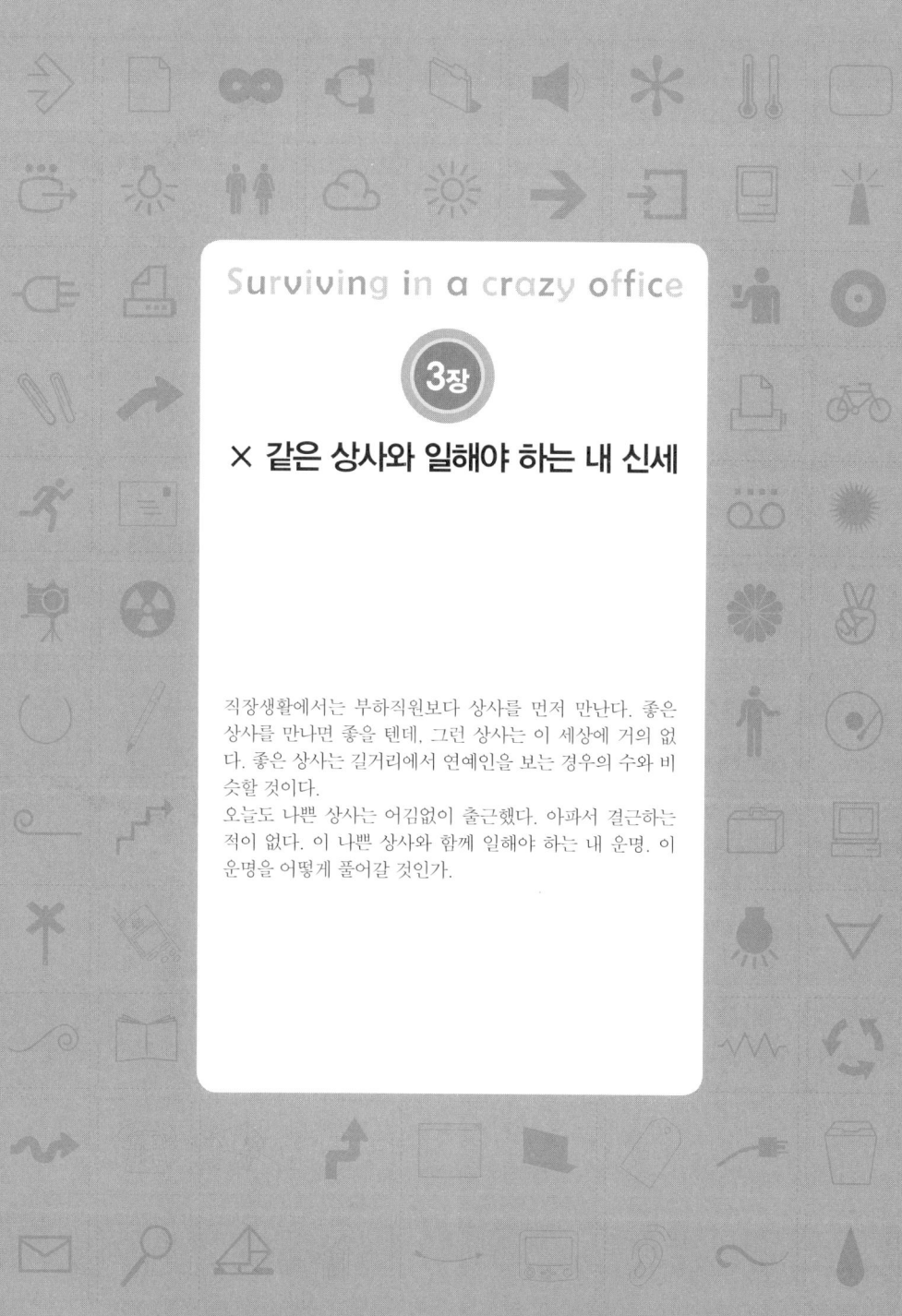

Surviving in a crazy office

3장

✗ 같은 상사와 일해야 하는 내 신세

직장생활에서는 부하직원보다 상사를 먼저 만난다. 좋은
상사를 만나면 좋을 텐데, 그런 상사는 이 세상에 거의 없
다. 좋은 상사는 길거리에서 연예인을 보는 경우의 수와 비
슷할 것이다.
오늘도 나쁜 상사는 어김없이 출근했다. 아파서 결근하는
적이 없다. 이 나쁜 상사와 함께 일해야 하는 내 운명. 이
운명을 어떻게 풀어갈 것인가.

Surviving in a crazy office

상사의 탄생

　사장이 아닌 이상 당신 위에 상사는 반드시 있다. 회사에 들어가자마자 상사가 있는 경우가 대부분이지만 갑자기 상사가 생기는 경우도 있다. 사장 다음에는 자신으로 알고 있는데 어느 날 출근해보니 사장이 상사라면서 누군가를 인사시키는 경우, 밑으로 뽑는 줄 알았는데 알고 보니 위로 사람을 뽑는 경우, 사장의 자녀나 친인척이 당신의 상사로 갑자기 오는 경우를 경험하게 되는데 내심 승진을 기대했던 사람에게는 당황스러운 현실이다.

　상사가 이미 있었든 갑자기 상사가 생겼든 앞으로 사무실에 같이 있어야 된다면 우선 상사의 유형을 파악해야 한다. 일하는 방식은 어떤지, 성격은 어떤지, 좋아하는 것과 싫어하는 것은 무엇인지(좋아하는 음식, 싫어하는 음식까지 파악한다), 가족관계는 어떻게 되는지, 술버릇 등을 하루라도 빨리 알아야 한다. 그렇다고 한꺼번에 질문을 쏟으면 안 된다. 같은 남성이면 술자리를, 같은 여성이면 커피나 간식을 먹자며 조금씩 알아내야 한다.

상사와는 어떻게든 전략적 파트너십을 맺어야 한다. 사장과 당신 사이에 상사가 있는 것이므로 뭔가 일을 진행하거나 보고하기 위해서는 상사의 결재가 필수다.

상사의 도움으로 일이 더욱 빨리 혹은 효과적으로 진행되는 긍정적인 면도 있겠지만 당신이 사장에게 전달해달라며 보고한 내용 중 일부는 상사의 자체 판단에 의해 중간에서 흐지부지되는 부정적인 면도 발생할 수 있다. 상사가 사장에게 보고하겠다고 해놓고는 보고하지 않고 잠시 후 자리로 돌아와서 사장이 하지 말라고 했다며 통보하는 상황이 생기기도 한다.

이러한 상황을 겪지 않기 위해서는 상사가 '나와 당신(상사)은 한 사무실에 있는 파트너이다'라고 인식하게 만들어야 한다. 그러려면 상사에게 무조건 충성하겠다는 모습을 보여줘야 한다.

회의시간에 상사의 말에 되도록 긍정적인 메시지를 전달하고 "부장님, 회를 잘 안 드신다고 해서 저녁 회식은 고기로 정했습니다" 같은 립 서비스를 적당하게 날리면 된다.

상사도 새롭게 부하직원이 된 당신을 초반에는 관찰할 것이다. 성격이 어떤지, 나에게 적의는 없는지 등을 분석해서 어떻게 다뤄야 하는지를 계획하기 위해서다. 게다가 자신보다 회사에 오래 몸담고 있던 직원이었다면 처음에는 경계를 하게 된다. 아무래도 사장의 성향이나 회사 내부사정을 상사보다 더 잘 아는 직원은 신경이 쓰일 수밖에 없다. 그런 초반 상황에 당신이 먼저 파트너가 되자고 접근하면 받아들이지 않을 이유가 없다.

상사가 식사, 술, 커피 등을 사준다고 자신의 편이라 생각하지 마라. 당신을 좋아하는 것이 아니다. 당신을 파악하기 위한 과정일 뿐이다. 상사는 상사이고 부하직원은 부하직원이다. 절대 하나가 될 수 없다.

상사와 부하직원은 서로 앞에서는 웃어도 뒤에서는 손익계산을 한다. 처음에는 파트너의 관계일지 모르지만 시간이 흐르면 자연스럽게 상하관계로 구분되기 마련이다.

평소 친하게 지내고 또 호흡이 잘 맞았어도 막상 자신이 불리하거나 위기에 처하면 상사의 위치를 확실히 강조하는 것이 상사다. '내가 너의 상사이니 의견이 서로 맞지 않아도 내 의견을 따라야 한다', '책임질 일이 있거나 힘든 일이 생기면 부하직원인 네가 해야 한다'를 무의식적으로 강조한다. '좋은 상사'라는 착각에 빠졌다가 이렇게 뒤통수 맞으면 그 상처는 더 깊고 오래 간다.

사무실에서는 친할수록 더욱 조심하고 냉정해야 한다. 언제 그 관계가 틀어질지 모른다.

상사와 어깨동무를 하고 사진 찍는 모습을 상상하는가. 기분 좋은 술자리에서도 절대로 하면 안 되는 행동이다. 상사는 자신에게 고개를 숙이는 부하직원을 원하지, 친구처럼 어깨동무하는 부하직원을 원하지 않는다.

상사는 당신을 사무실에 계속 있게 할 수 있는지 없는지를 결정할 칼자루를 쥐고 있는 사람이라는 것을 술에 취해서도 잊지 마라.

상사가 있는 부하직원의 기본자세

창업주의 자식이 아닌 이상, 나라에 큰 이름을 남길 만한 실적을 올리지 않은 이상 당신은 회사에 들어가면 (팀장, 차장, 과장, 부장 등을 포함한) 상사만 득실득실한 역피라미드 구조에 깔리게 된다.

역피라미드 구조 제일 아래에 있다고 상상해보자. 떠받들 사람은 많지만 도움을 주는 사람은 없는, 참 딱한 위치다. 그런 위치에서는 누군가의 도움을 기대하기보다 스스로 매사 조심해야 한다. 특히 안 그래도 언제 깨질까 노심초사하는 살얼음판을 상사가 위에서 누르지 않도록 상사와 잘 지내야 한다. 상사가 득실득실한 위치에서 잘 지내려면 어떻게 해야 할까?

◉ 상사와 관련된 일은 잘해야 한다

일을 잘하는 것은 기본이지만 특히 상사가 시킨 일은 깔끔하게 해야 한다. 상사가 시킨 일은 상사의 실적과도 연관되므로 특별히 더 신경 쓴다.

부하직원이 해놓은 일을 상부에 보고했더니 상사의 상사가 "이것도 한 거냐!"고 노발대발한다면 상사는 부하직원을 탓할 수도 없이 모든 잘못을 뒤집어쓴다. "제가 한 게 아니라 부하직원이 했습니다"라는 말을 해봤자 돌아오는 것은 그런 일까지 직접 하지 않고 부하직원에게 시키느냐는 빈정과 다시 제대로 해오라는 불호령이 떨어지리라는 것을 알기 때문이다.

윗선에게 혼쭐이 난 상사는 바로 부하직원을 구워 삼을 것이다. 문제는 이렇게 혼난 상사의 갈굼은 꽤 오래 지속된다는 것이다.

직장을 다니면 할 일이 엄청 많지만 우선순위를 정해서 처리해야 하는데 특히 상사가 '시킨 일'은 신경 써야 할 제1순위에 배치하라.

◉ 선 보고 후 조치

능력이 아무리 뛰어난 사람도 보고 단계를 거쳐 위에 알린

후 일을 해야지 그렇지 않으면 일이 잘못되거나 사고가 났을 때 모든 책임을 져야 한다. 급하다는 이유로 보고하지 않고 일단 일을 처리해서 잘된 경우라도 회사에서는 보고하지 않은 이유로 징계를 내릴 수 있다. 그만큼 회사에서 '보고'는 중요하다. 급해서 먼저 조치했다고 해봤자 "휴대전화 없어?"라는 말만 들을 뿐이다.

일 잘한다고 회사에서 인정받는 직원들 중에는 그동안 받은 칭찬에 우쭐해진 나머지 상사에게 "서프라이즈(surprise)"하고 싶어 간단한 일은 알아서 처리한 다음 보고하기도 한다. 하지만 절대로 '선(先) 보고 후(後) 조치'의 자세를 망각하면 안 된다. 간단한 것 같아 알아서 처리한 일이 상사가 보기에는 엄청나게 중요한 일일수도 있고 간단할 줄 알았는데 막상 해보니 감당할 수 없을 만큼 무척 복잡하게 얽혀 있는 일일 수도 있다. 어떤 경우에는 상사의 자리까지 위태롭게 만들 수 있다. 상사가 사안에 관해 많이 알면 알수록 그만큼 책임질 일이 줄어드니 보고는 반드시 하라.

◉ 팀장을 우습게 보지 마라

가끔 당신보다 나이가 어리거나 일을 잘 모르는 사람이 상사로 오는 경우가 있다. '아무것도 모르니 만만하겠군' 하고 생각하면 큰 오산이다.

상사는 자신의 팀에 나이 많은 사람이 아랫사람으로 있다면 더욱 경계할 것이다. 새로 자리에 앉으면 자신의 사람으로 팀을 꾸미는 게 상사의 본심이라 기회를 봐서 다른 곳으로 보내려고 준비 중에 있을 가능성도 높다.

나이가 어리다고, 자신보다 일을 잘 모른다고 팀장을 우습게 보지 마라. 그래도 당신에게는 상사다. 당신을 평가하고 당신 회사생활의 수명을 결정하는 상사 말이다.

◉ 상사보다 적게 가진 척하라

상사의 물건보다 비싼 물건을 갖고 다니는 부하직원은 상사의 질투심을 유발하기 딱 좋다.

남자는 특히 자동차에 관심이 많다. 남자 입장에서는 자동차가 남자의 레벨까지 정해준다. 대기업이 임원들에게 자동차를 제공할 때 직급이 아래로 내려갈수록 배기량이 작아지는 것도 같은 이치다.

직원 사이에도 그 룰은 그대로 적용된다. 자신은 준중형차를 끄는데 부하직원인 주제에 중형차를 샀다고 투덜대는 상사를 본 적이 있다. 자동차를 매우 좋아해도, 자동차 가격에 크게 구애받지 않는 재산이 있어도 상사의 차보다는 모델 등급이 낮은 차를 끌고 다니는 게 좋다. 괜히 더 좋은 차를 타고 다니면 상사의 질투심만 자극할 뿐이다. 가만히 있어도 피곤한데 굳이 잠음 일으켜서 회사생활을 힘들게 만들 필요는 없지 않은가. 그래도 타고 싶으면 회사에는 갖고 오지 않거나 회사와 거리가 좀 있는 주차장에 두고 다녀라.

⊙ 건방져 보이는 태도를 취하지 마라

나도 모르게 턱을 괴거나 주머니에 손을 넣고 누군가와 이야기할 때가 있다. 그런데 그 누군가가 바로 상사라면 상사는 당신을 아주 건방진 놈이라고 생각할 것이다. 그 뒤부터 아주 작은 실수에도 상사는 당신을 근본부터 건방진 놈이라고 생각할 수 있다.

상사 앞에서는 작은 손짓 하나도 신경 써야 한다. 상사를 한 손가락으로 가리키는 것과 손가락을 다 펴서 가리키는 것은 엄청난 차이의 결과를 가져다준다.

Surviving in a crazy office

거지같은 상사 .

회사생활에서 제일 많이 받는 스트레스가 바로 인간관계다. 하루 대부분을 회사에서 보내는 직장인에게 거의 하루를 마음 맞지 않는 사람과 함께 있는 것만큼 힘든 일도 없다.

무엇보다도 상사와의 관계가 매우 중요하다. 동료나 부하직원은 어느 정도 조절이 가능한데 나와 맞지 않는 상사는 어떻게 할 수가 없다. 싫으면 싫은 대로 무조건 참아야 하니 그게 사람을 미치게 한다. 특히 성격이 더러운 상사를 만나면 해결책이 거의 없다. 능력은 있는데 성격이 더러우면 그래도 뭔가 배울 게 있다는 생각에 같이 있을 수 있지만 능력도 없고 성격도 더러운 상사는 마주칠 때마다 이직을 떠올리게 한다. 거지

같은 상사의 대표적인 유형은 다음과 같다.

학력으로 밀어붙인다. 최상위권 대학교를 나온 조영 부장은 부하직원이 보고서를 제출하면 늘 하는 말이 있다.

"어떻게 그 머리에서 이런 보고서가 나왔어?"

능력 없는 사람이 승진하면 제일 먼저 무기로 갖추는 것이 '학력'이다. 부하직원과 비교했을 때 뭔가 우월한 것이 있어야 상사의 자리에 있을 수 있다고 생각하는 것이다. 일을 잘하면 되지만 그 능력이 없는 것을 자신이 더 잘 알기 때문에 더더욱 그러하다.

나이로 밀어붙인다. 부하직원과 '학력'이 비슷하면 유일한 무기는 '나이'가 된다. 나이가 어린 부하직원이 회의 때 이견을 내자 조영 부장은 정색하며 말한다.

"내가 세상을 살아도 몇 년을 더 살았는데 그것도 모를까봐 그러는 거야, 뭐야?"

앞뒤가 맞지 않는다. 예전에 필자가 겪은 일이다. 외부업체와 의사소통에 문제가 있어 서로 오해하고 전화로 논쟁한 적이 있었다. 그래도 오해는 풀어야겠다 싶어 외부업체를 찾아가려는데, 팀장이 같이 가겠다고 나섰다. 혼자 가도 된다고 하는데도 자신이 팀장이니 굳이 가겠다고 해서 외부업체를 같이 방문했다. 외부업체 담당자를 만난 팀장의 첫 마디는 가관이었다.

"부하직원이 무조건 잘못했으니 용서해주십시오."

잘잘못을 따지기 전에 오해를 풀기 위한 자리인데 상황을 제대로 알지도 못하는 사람이 밑도 끝도 없이 그런 말을 던지니 담당자인 필자는 함구할 수밖에 없었다. 미팅을 끝내고 돌아가는 길에서 팀장의 엉뚱한 한마디가 필자의 뒤통수를 쳤다.

"이 미팅 오느라고 내 일을 못했네."

그리고는 사무실 들어가면 바로 퇴근 시간이니 여기서 퇴근하겠다며 가버렸다.

예상치 못한 행동을 하거나 엉뚱한 말을 하는 상사는 맞추는 게 너무 어려워 정말 죽을 맛이다.

내 잘못도 부하직원의 것이라 생각한다. 프로젝트에 문제가 생겨 팀장과 부하직원에게 퇴근 전까지 시말서를 쓰라는 지시가 떨어졌다. 퇴근시간은 다가오는데 팀장은 시말서를 쓸 생각이 없어 보인다. 답답한 부하직원이 어떻게 할지 묻자, 팀장은 무덤덤하게 말한다.

"나는 빠지고 네가 다 한 걸로 하면 안 될까?"

만일 이런 상황이 당신 눈앞에 펼쳐진다면 절대로 그렇게 하지 마라. 싫다고 한 다음 팀장의 얼굴에 사표를 던지고 나가는 것이 좋다.

부하직원이라고 죄를 뒤집어쓰는 것이 최선은 아니다. 윗사람들은 시말서 한 장으로 당신이 전부 잘못했다고 생각할 것이며 그 종이 한 장은 회사가 사라질 때까지 영원히 기억될 것이다. 영원히 기억될 좋지 않은 결과의 종이 한 장에 자신의 이름을 남기지 마라. 어쩌면 영원히 당신의 발목을 붙잡을 수 있다.

상사라면 부하직원의 잘못도 어느 정도는 책임져야 한다. 상사 입장에서는 억울하겠지만 리더의 책무이니 감수해야 한다. 세상 모든 리더는 부하직원의 잘못을 대신 책임져준 경험이 몇 번씩은 있다. 하지만 거지같은 상사는 다르다. 부하직원의 잘못은 부하직원의 것이요, 내 잘못도 부하직원의 것이다.

오른팔만 끼고 돈다. 이모식 부장은 누구를 만나든 어떤 일이 생기든 오른팔격인 김민수 과장하고만 의견을 나눴다. 물론 그럴 수 있다. 마음 맞는 사람과 일을 하고 싶은 생각은 누구나 다 갖고 있으니까. 하지만 김민수 과장은 말만 하면 허풍이고 능력이 안 되는 일도 무조건 할 수 있다면서 맡겨만 달라고 하는 인물이다. 하지만 결과는 거의 보고한 적 없고 보고를 해도 결과를 조작할 뿐이다. 그래도 이모식 부장은 김민수 과장만 감싸고 있다.

자식이 여러 명이면 더 예쁜 자식이 있듯이 상사 입장에서도 마음에 드는 부하직원과 마음에 들지 않는 부하직원이 있다. 물론 그 기준이 '일을 잘하느냐 못하느냐'일 경우에는 괜찮다. 문제는 부하직원이 사고만 치고 다니는데도 자신의 비위를 잘 맞춰준다고 무조건 감싸는 상사다.

오른팔이 계속 사고를 쳐도 제출한 기획안이 형편없어도 아주 너그럽게 인정해주지만 다른 팀원이 갖고 온 기획안은 아주 까칠하게 평가하는 상사, 오른팔의 말이나 행동이 분명 잘못됐는데도 무조건 정답이라고 믿는 반면 다른 팀원의 의견은 한쪽 귀로 듣고 한쪽 귀로 흘리는 상사 밑에서 그 누가 일을 하고 싶겠는가.

제일 심각한 거지같은 상사는 바로 '공격하는 상사'다.

일을 하다보면 의견 차이나 오해, 상사의 이해되지 않는 행동으로 상사와 다투는 경우가 있다. 대부분 서로 화해하거나 한 걸음씩 물러나 마무리가 되는데 일부 상사는 끝까지 부하직원을 괴롭힌다.

표민석 대리는 팀장과 점심식사를 하기 위해 중국집으로 가서 둘 다 자장면을 시켰다. 그런데 점원이 팀장 앞에 자장면을 놓자 팀장은 짬뽕을 시켰다고 말을 바꾸는 게 아닌가. 점원은 분명 자장면을 시켰다고 하자 팀장은 지지 않고 주문을 잘 못 받았다며 언성을 높였다. 보다 못한 표민석 대리가 팀장님이 자장면을 시킨 게 맞는다고 하자 실랑이는 끝이 났다. 하지만 문제는 그때부터였다.

팀장은 "점원 앞에서 팀장 창피를 줬어", "짬뽕 시킨 게 맞는데 네가 뭔데 자장면이 맞는다고 해!"라고 하면서 식사하는 내내 표민석 대리를 공격했다. 표민석 대리는 바보처럼 끼어든 것을 후회하며 팀장에게 사과했다. 그러나 팀장의 공격은 사무실에 와서도, 다음 날에도, 그다음 날에도 계속됐다. 결국 표민석 대리는 팀장의 시도 때도 없는 공격에 지쳐 회사를 그만뒀다.

표민석 대리의 팀장은 부하직원 때문에 일면식도 없는 점원에게 무안을 당했다는 생각이 표민석 대리를 볼 때마다 계속 떠올랐는지도 모른다. 이처럼 거지같은 상사와 같이 일할 때 어떻게 몸조심해야 할까?

⊙ 하던 일만 꾸준히 하라

새로운 기획을 내봤자 자신이 가로채거나 자신의 오른팔에게 줄 뿐이다. 주어진 일, 시키는 일만 이상 없이 하면 된다.

⊙ 한 걸음 물러나라

도대체 왜 이러냐고 따지거나 굳이 다툼을 만들지 말라. 거지같은 상사는 '이것 봐라. 감히 내게 도전을 해'하며 당신을 더 괴롭힐 것이다. 짜증이 나더라도, 대들고 싶어도 숨을 고르면서 자리에 앉는 게 좋다. 더러워도 상사는 상사다.

⊙ 언쟁 후에는 조심스럽게 행동하라

참다 참다 끝내 상사와 언쟁을 했다면 그 후의 행동이 중요하다. 당신이 책상에서 한숨을 쉬거나 혼잣말을 하는 순간 상사의 귀는 바로 들을 준비를 한다. 상사는 분명 자신과 관련된 혼잣말이라고 생각한다.

다이어리, 볼펜을 책상에 놓을 때 살짝 놓아라. 화가 난 상태에는 물건을 무의식적으로 책상에 던지게 된다. 마침 찢어야 할 서류가 있다 해도 바로 찢지 마라. 당신의 행동이 상사와 상관없어도 상사는 '저 자식 저기에 화풀이 하네'라고 생각한다.

상사와 언쟁을 높였다면 그날 퇴근하기 전에 꼭 사과해야 한다. 오전 회의시간에 그랬다면 오후에 어떻게든 상사와 둘만의 시간을 가져서, 퇴근하기 바로 전에 그랬다면 상사가 퇴근할 때까지 기다렸다가 상사와 저녁이라도 먹으면서 사과한다.

상사가 먼저 사과하는 일은 없다. 당신이 잘못하지 않아도 고개를 숙이고 들어가서 상사와의 불편한 관계를 풀어야 한다. 그렇지 않으면 상사의 공격은 다음 날부터 본격적으로 시작된다.

'왜 나는 상사 복이 없을까?'라며 한숨 쉬지 말고 어퍼컷 맞을 것을 꿀밤 맞는 것으로 끝낼 수 있는 방법은 무엇인지 빨리 찾아라. 어차피 맞을 거라면 조금이라도 약하게 맞는 것이 현명하다.

Surviving in a crazy office

한 번 상사는 영원한 상사?

나를 낳아준 부모님은 영원한 부모님이다. 그건 천지가 개벽해도 변하지 않는다. 그런 부모자식 사이도 아닌데 한 번 상사는 영원한 상사, 한 번 부하는 영원한 부하로 생각하고 퇴사했는데도 계속 부하 취급하는 상사가 있다.

최유식 대리는 휴대전화에 예전 팀장의 전화번호가 뜨면 짜증부터 난다. 처음에는 전에 다니던 회사의 상사이니 좋은 게 좋은 거라고 웃으며 받았는데 정작 예전 팀장은 지금도 자기 밑에 있는 부하직원을 다루듯 한다.

"이번에 거기서 나온 거 네가 한 거지? 딱 봐도 알겠더라. 내가 그렇게 가르쳤냐? 그건 색깔을 좀 더 진하게 했어야지."

"너희 회사에 그 자료 있지. 그거 메일로 보내봐."

짜증이 나서 "이것저것 고려하고 저희 회사 스타일에 따라 결정해 괜찮았다는 평을 받았습니다. 시장 반응도 꽤 좋고요"라고 답하면 "아이고 우리 최 대리, 많이 컸네. 그렇게 되도록 누가 가르쳐줬지?" 하는 게 아닌가.

알짜 정보는 어떻게 해서든 숨기고 자리 근처로 가면 바로 모니터를 끄던 사람이 도대체 무엇을 가르쳐줬다고 하는 것인지 최유식 대리는 짜증만 날 뿐이다. 아예 전화를 받지 않으면 연락을 안 하겠지 싶어 그렇게 했더니 바로 휴대전화로 문자가 왔다.

'바쁜가 보네. 문자 보면 연락 줘.'

김철규 과장은 전에 다니던 회사 사장에게 전화를 받았다. 왠지 기분이 내키지 않아 받지 않으려다가 그래도 전에 모시던 사장인데 하는 생각에 받은 것이다. "잘 지내냐?"는 전(前) 사장의 목소리를 오랜만에 들으니 갑자기 잘 지내지 못한 것 같은 느낌이 들었다.

전 사장은 이번에 진행하는 일과 관련해서 김철규 과장이 현재 다니고 있는 회사의 자료를 부탁했다. 전 사장이 부탁한 자료가 극비의 문건은 아니었지만 그래도 외부에 노출하기에는 위험부담이 있어서 정중하게 거절했다. 그러자 전 사장은 그까짓 자료 하나 보내주는 것이 뭐가 그리 어렵냐며 성난 목소리를 내는 게 아닌가.

김철규 과장은 지금 다니는 회사의 자료라 외부 유출이 힘든 점을 양해해달라고 하자 전 사장은 "야, 너 그러는 거 아니다. 잘 먹고 잘 살아라"라며 전화를 거칠게 끊었다. 나중에 들리는 소문에 의하면 전 사장은 만나는 사람마다 김철규 과장 욕을 하고 다닌다고 한다.

왜 한 번 상사는 영원한 상사라고 생각하는 걸까? 그건 상사가 부하직원에 갖는 질투심 때문이다.

상사는 부하직원이 크는 것을 싫어한다. "나를 밟고 일어서라", "나보다 더 뛰어난 상사가 되라"라고 말하지만 그건 마음이 넓은 것처럼 보이기 위한 거짓말일 뿐이다. 상사는 부하직원이 자신보다 크는 것을 싫어하며 설령 그렇게 되도 인정하기를 거부한다.

일 잘하는 부하직원이 대신 자신의 자리에 앉을지도 모른다는 걱정도 한다. 그래서 자신보다 조금이라도 뛰어난 부하직원이 있으면 실수를 부풀려 공격하거나 힘든 일만 주기도 한다.

상사는 왜 회사를 나간 부하직원에게도 신경을 쓰는 걸까?

나가서 잘되면 그것만큼 배 아픈 것이 없기 때문이다. 아랫사람이 번듯한 회사를 차려 사장이 됐는데 자신은 여전히 회사의 조직원으로 상사의 눈치나 보며 하루하루를 견디는 상황이라면 얼마나 속이 터지겠는가.

거래처와 약속시간이 늦어 뛰어가고 있는데 갑자기 예전에 데리고 있던 부하직원이 외제차를 타고 나타나 인사하면 눈이 뒤집어진다. 같이 있을 때는 질투심으로 부하직원이 크는 것을 막을 수 있었지만 떨어져 있으면 나보다 잘될지 모른다는 두려움이 예전의 부하직원을 계속 엿보는 한심한 상사로 만드는 것이다.

한 번 상사는 영원한 상사로 알고 있는 상사가 있다면 그의 전화를 받지 않는 것이 그와의 악연을 끊는 유일한 방법이다. 어느 정도 받지 않으면 상사는 자신을 피한다는 것을 알고 연락하지 않을 것이다.

언제 다시 어느 자리에서 만날지 모르니 예전 상사라도 잘해야 한다지만, 현실적으로 다시 만날 일은 거의 없다. 설령 만났다고 해서 "다시 잘해보자"라고 말할 상사도 없다.

혹시라도 당신이 사업을 시작했다고 하면 전에 있던 회사의 상사나 사장이 "개나 소나 다 사업 하네"라고 하는 경우도 있

다. 그때 화를 내면 속 좁은 사람이라고 흉 볼 수 있으니 한마
디 적당히 하고 전화를 끊어라.

　"제가 소 할 테니 사장님은 개 하시죠."

정말 사이코야!

거지같은 상사보다 더 거지같은 상사가 있다. 일명 '사이코 상사'다. 사이코 상사의 대표적인 행동이 구타와 성희롱이다.

아직도 일부 회사에서는 상사가 부하직원을 때리는 경우가 있다(거의 대부분이 남자 상사가 남자 부하직원을 상대할 때다). 다른 직원들도 보고 있는데 결재판으로 부하직원의 머리를 치거나 볼펜으로 가슴 쪽을 찍으며 나무라는 상사, 구두로 부하직원의 정강이를 치는 상사가 여전히 존재하고 있다.

얼마 전에 보도되어 항간에 한동안 큰 충격을 안겨주었던, 모 기업 대표가 방망이 한 대에 얼마씩 계산해 협력업체 직원을 구타한 사건과 비교하면 미미하다고 할 수 있겠다. 하지만 폭력은 수위에 상관없이 큰 상처를 남긴다. 필자는 상사가 무가지 신문을 둘둘 말아 머리를 친 이후로 무가지 신문만 보면 그때 생각이 나 기분이 나빴다.

어쩌면 이 정도는 약과라고 생각한다. 남자 상사가 여자 부하직원을 성희롱, 성추행하는 것에 비하면 말이다.

사무실에서 여자직원을 앞에 두고 가슴 이야기를 하는 것은 이제는 그러려니 넘기는 축에 속한다. 얼마 전에 필자는 여자직원의 엉덩이를 툭툭 치는 사장의 이야기를 들었다. 여자 직원이 사무실 청소를 하려고 상체를 숙이면서 뒤로 빠진 엉덩이를 사장이 "탱탱한데"하며 한 대 쳤다는 것이었다. 그 여자직원은 정색을 하고 따졌더니 사장의 대답이 가관이었다. 자신이 지나가는데 자신의 몸과 여직원의 엉덩이가 부딪히면 괜한 오해를 살까봐 엉덩이를 옆으로 옮겨놓은 거라는 말도 안 되는 변명을 했다고 한다.

회식자리에서 특히 성희롱 관련 문제가 발생할 확률이 높다.

"술은 여자가 따라야 제 맛이야", "러브 샷 한 번 할까?"라는 말을 아직도 아무렇지 않게 여자직원들에게 쓴다. 노래방에서 블루스를 거부하면 강제로 끌고 나와 하게 하거나 이직할 각오하라는 상사, 술에 취한 척하며 뒤에서 안거나 가슴을 만지는 상사가 의외로 많다. 그렇게 당해도 대부분 참을 수밖에 없는 상황을 악용하는 것이다. 간혹 따지는 직원이 있으면 술이 취해서 잘 모른다며 발을 빼기 일쑤다.

딸이 있으면서도 그런 행동을 하는 상사를 보면 딸 같은 나이의 부하직원에게 어떻게 그런 행동을 하는지 이해가 되지 않는다. 내 딸은 안 되지만 남의 딸은 된다는 생각을 하는 건지 모르겠다.

◉ 뜻이 맞는 동료끼리 모여 보고하라

개인 한 명으로 정면 대결하기는 힘들다. 뜻이 맞는 동료들끼리 모여 제일 윗선에 보고를 해서 조직 차원의 징계가 내려지도록 하라. 성희롱 같은 경우에는 관련 단체(한국성폭력상담소, 한국여성민우회성폭력상담소 등)에 문의하는 것도 하나의 방법이다.

◉ 사표를 써라

사이코 같은 상사의 행동이 한두 번에 그치지 않고 계속 반복된다면 그러한 수모를 당하면서까지 그 회사에 버틸 이유가 없다. 계속되는 폭언, 폭력, 성희롱은 당신을 심리적으로 불안

하게 만들고 나아가 대인 기피증, 우울증이 생기게 할 가능성
이 높다. 상사에게 건의를 해도 달라지는 것이 하나도 없거나
오히려 더 괴롭힌다면 사표를 던지는 것이 최선이다.

◉ 위한답시고 위로하지 마라

사이코 상사에게 당한 동료의 기분을 풀어주겠다는 생각은
아예 접어둬라. 당신의 동료에게 지금 필요한 것은 혼란스러운
자신을 혼자 추스르는 시간이다.

선한 목적으로 한 위로도 흥분한 감정을 다스리고 있는 동료
를 방해만 할 뿐이다. 당연히 동료는 방해한 당신에게 화를 낼
것이다.

동료를 배려해주고 싶다면 동료가 자신의 감정을 다스릴 때
까지 아무 말도 걸지 않고 모른 척하는 것이다.

상사는 절대로 알려주지 않는다

바둑을 잘 두기로 소문이 자자한 사람이 있었다. 그의 친구가 자기 자식에게 바둑을 가르쳐달라며 데리고 왔다. 그 사람은 아이와 몇 마디를 나눈 다음 친구의 아이를 제자로 받아들이기로 했다. 아이의 스승이 된 것이다.

스승은 바둑에 대해 알고 있는 모든 것을 아이에게 알려줬다. 아이는 스승의 가르침에 자신만의 노하우를 접목시켜 하루가 다르게 성장했다.

그러던 어느 날, 한 바둑대회에 참가하기 위해 스승과 제자는 함께 길을 떠났다. 대회의 강력한 우승후보자였던 스승은 제자에게 경험을 쌓는다는 의미로 대회 참가를 제안했다. 제자도 경험 차원에서 스승의 제안을 받아들였다.

운명의 장난인지 스승과 제자가 결승전에 맞붙었다. 스승은 한편으로는 놀랐지만 제자가 기특하다는 생각이 더 컸다. 제자도 자신의 실력에 놀랐다.

더 놀라운 일이 벌어졌다. 결승전에서 스승이 제자에게 진 것이다!

각종 매체는 스승을 이긴 제자에게 집중되었다. 스승은 기분이 언짢았지만 제자의 승리를 진심으로 축하해줬다. 하지만 그때부터 둘 사이에 틈이 벌어졌다. 제자는 이제 배울 것이 없다고 판단해 스승을 떠났고 스승은 이를 갈았다.

그 뒤로 계속 맞붙은 대결에서 스승은 제자를 이기지 못했다. 제자는 스승의 모든 전략을 알고 있었던 것이다. 끝내 스승은 사람들의 기억 속에서 사라졌다. '제자에게 진 스승'이라는 타이틀을 갖고.

이 세상에 부하직원이 한 명이라도 있는 상사는 이 같은 스승이 되지 않기를 바란다. 너무 우습다고 생각하는가? 당신이 상사가 되면 전혀 우습지 않을 것이다.

사무실은 철저하게 단계가 있고 위에서 아래를 지배하는 곳이다. 부하직원이라면 상사인 내 말에 무조건 따라야 하고 상사인 나보다 좋은 차, 좋은 집에 살면 안 된다. 왜냐하면 바로 상사인 내 밑에 있기 때문이다.

상사가 제일 싫어하는 장면 중 하나가 밑에 있던 직원이 어느 날 갑자기 자신의 위로 올라서는 것이다. 사무실 문을 열었는데 자신의 직위보다 높은 자리에 자신의 부하직원 이름이 있는 인사발령 공고문을 게시판에서 보게 된다면, 임원이 자신의 부하직원을 자주 부르면 상사는 잠을 이루지 못한다.

부모 잘 만나서, 선천적인 재능이 뛰어나서, 줄을 잘 서서 나보다 잘 나간다고 해도 그게 텔레비전에서 보는 사람들의 이야기면 상관이 없다. 하지만 내가 아는 사람, 특히 내가 부려먹던 사람의 이야기라면 심각한 스트레스다.

그래서 상사는 부하직원이 크는 것을 두려워해 중요한 정보는 절대로 부하직원에게 알려주지 않는다. 누구나 다 아는 정보도 대충대충 알려준다. 부하직원이 조금이라도 크지 않기를 바라는 마음에서다. 필자도 다음에 알려주겠다는 말로 끝내 입을 닫은 상사를 만난 경험이 있다. 나중에 알고 보니 별 내용도 없었다. 중요한 정보면 이해가 됐겠는데 정말 아무것도 아닌 것을 보니 그 상사가 불쌍하게 보였다.

또한 혼낼 때 더 크고 길게 말한다. 부하직원의 아이디어나 보고서가 괜찮으면 상사는 "잘했네", "좋아" 하고 짧게 언급하고는 끝이다. 하지만 마음에 들지 않거나 일이 조금이라도 안 되면 "이따위로 해놓고 결재 받으러 왔어? 이거 하는데 그렇게 시간이 오래 걸렸어? 다시 해"처럼 일장연설을 하는 경우가 많다.

당신이 큰 잘못을 해서가 아니다. 부하직원에게 '너는 내 결재를 받아야 하는 내 밑에 있는 놈이다'라는 메시지를 전달하고 상하관계를 다시 한 번 주입시키면서 부하직원의 기를 누르기 위해서다. 또한 주변 사람들에게 '제가 이놈 상사입니다. 혼내도 되는 위치입니다'라는 것을 홍보하기 위해서다.

◉ 상사의 입이 열리도록 유도하라

상사와 의논할 때, 뭔가 묻고자 할 때는 무조건 상사의 의견부터 묻지 마라. 어차피 상사의 입에서는 "잘했네" 아니면 "다시 해"라는 말밖에 나오지 않는다.

"이번 기획안에 대해 제 의견은 1번, 2번, 3번이 있는데 팀장님 생각하시기에 어떤 것이 좋으세요?", "1번이 별로인 이유는 무엇일까요?" 등으로 상사의 입이 계속 열리도록 유도하는 수밖에 없다. 상사가 수십 마디를 했는데 그 중에 건질 것은 한 마디밖에 없어도 성공했다고 할 수 있다.

상사는 자식이 궁금하면 어떻게든 해결해주려는 부모가 아니라 동생이 자신보다 부모에게 더 인정받는 것을 두려워하는 못난 장남과 같다.

⊙ 상사의 경계심을 건드리지 마라

별생각 없이 물어봤는데 상사가 왜 알고 싶으냐며 민감하게 반응한다면 두 번 다시 같은 질문은 하지 마라. 상사가 보여주기 싫거나 알려주기 싫은 정보이다.

꼭 알아야 한다며 계속 질문해봤자 알려주기는커녕 슬슬 당신을 경계하기 시작할 것이다.

얼마든지 다른 사람에게 물어서 해결할 수 있으니 민감한 상사의 경계심을 자극하지 마라.

Surviving in a crazy office

무능한 상사

팀장과 관련 업무를 논의한 적이 있었다. 업무의 방향성 등을 보고한 후 팀장에게 어떻게 생각하는지 물었다. 듣고만 있던 팀장이 마침내 입을 뗐다.

"왜 나보고 생각하라고 하냐?"

직장 선배로서 업무 노하우를 많이 알려주는 상사도 만나지만 도대체 아는 게 하나도 없는 상사를 만나기도 한다. 부하직원인 내가 하나하나 알려줘야 하는 거 아닌가라는 생각을 하게 만든다.

업무에 관해서 물어보면 대답하는 것이 거의 없고 심지어는

엑셀에 줄 하나 만들지도 못한다. 사장의 자식이나 친인척도 아니고 낙하산으로 내려온 것도 아닌데 어떻게 지금까지 회사에 남아 있는지 의문이 해결되지 않는다.

옆에서 보고 있으면 컴퓨터 앞에 앉아 계속 자판을 두드리는데 특별히 하는 일은 없어 보인다. 출근해서 자판 연습만 하다가 퇴근하는 것 같다. 자리에 앉아만 있는 무능한 상사들에게서 발견되는 공통점은 다음과 같다.

의외로 승진 욕심이 강하다. 자신이 그동안 어떤 결과를 만들었고 회사에 어느 정도 이바지했는지는 중요하지 않다. 나이와 재직기간이 어느 정도 되면 그 수준에 맞게 승진해야 한다고 생각한다. 만일 승진을 못하면 자기 자리에서 하루 종일 투덜대고 담배만 핀다. 자신이 내심 예상한 자리를 차지한 사람과는 말도 하지 않고 술자리에서 그 사람을 깎아 내리기 바쁘다. 그 사람 때문에 자신이 그 자리에 가지 못했다고 생각하는 것이다.

일만 생기면 미룬다. 자신이 책임져야 할 일이나 불리한 일이 생기면 그것을 미뤄도 될 사람을 물색한다. 그리고 둘만 있을 때 조용히 다가가 "김 대리가 그 일 한다고 얘기했었잖아. 바빠서 잊어버렸나보네" 하며 미루기 시작한다.

앞에서 말하는 것을 싫어한다. 그래서 회의, 건의는 절대로 하지 않는다. 부하직원들에게 전달사항이 있을 때만 모이라고 해서 전달할 뿐이다. 직원들의 요청으로 회의가 열려도 회의를 주재하지 않고 참석한 사람들의 말을 다이어리에 적기만 한다. 1년에 다이어리를 3권 이상 쓰는 사람도 봤다.

아는 것이 나오면 얼굴색깔부터 달라진다. 평소 조용히 있다가도 예전에 자기가 해봤거나 경험한 분야에 관한 이야기가 나왔을 때는 "그거 내가 해봐서 아는데…"하면서 입을 연다. 물론 그 입에서 나온 말 중에 건질 건 별로 없다.

오른팔을 만든다. 무슨 일을 추진하거나 팀원을 이끄는 데 매우 서툴다. 그래서 그런 일을 대신해줄 오른팔을 만든다. 일종의 방패인 것이다. "이거 어떻게 하면 되지?"라고 하면 무조건 달려와 "예!"하면서 해결해줄 오른팔 말이다. 이런 오른팔이 똑똑한 사람이면 그나마 다행이지만 그 반대라면 부하직원들은 서로 따로 놀기 시작하고 팀은 와해되기 마련이다.

⊙ 답답해하지 마라

이런 상사를 보면 답답해서 화가 날 지경이다. 무슨 말을 하면 눈만 끔벅거리고 일이 터지면 아랫사람에게 미루며 평소에는 무능한 오른팔만 챙기기 때문이다. 하지만 화를 내봤자 그 상사는 달라지지 않는다. 무능한 사람일수록 변화의 속도는 거의 없다. 괜한 스트레스로 속만 상하지 말고 묵묵히 주어진 일을 처리하라.

이런 상사가 좋은 면도 있다. 조용히 있으니 업무에 집중할 수 있고 일을 크게 벌리지 않아 부하직원 입장에서는 업무 부담이 적기 때문이다.

⊙ 출근시간을 지켜라

무능한 상사는 회사 규칙을 지키는 것을 대단히 중요하게 생각한다. 그 중 출근시간, 점심시간 등 시간과 관련한 것을 제일 우선으로 친다. 특히 출근시간은 회사생활의 제일 기본이라고 생각한다.

입사한 이후로 천재지변 외에는 지각한 적이 없다는 사실에 대단한 자긍심을 갖고 있는 상사라면 내일부터 출근시간은 반드시 지켜라. 그 상사에게 출근시간은 팀원을 평가하는 유일한 잣대일 수 있다. '출근시간도 제대로 지키지 못하니 다른 생활도 마찬가지일 거야'라고 생각할 것이다.

⊙ 대화 스타일에 신경 써라

무능한 상사를 대하는 부하직원은 자신도 모르게 말에서 무시하는 뉘앙스가 묻어나올 수 있다. 상사는 그 뉘앙스를 놓치지 않고 자신을 무시하니까 저렇게 말한다고 생각한다. 또한 지시하듯이, 따지듯이 얘기하거나 언성을 높이면 무능한 상사는 얼굴이 빨개지면서 흥분하게 된다. 그렇게 되면 무능한 상사는 일주일 내내 그 부하직원의 업무 결재 최대한 늦게 해주기, 회의시간에 의견 무시하기 등으로 공격할 생각만 한다.

보고할 내용이 있으면 문서로 작성해서 제출하라. 제출할 때 중요한 부분만 간단히 말하고 나머지 내용은 문서를 보라고 하면 된다. 어차피 길게 자세히 얘기해봐야 듣지도 않고 이해도 하지 못한다.

8

Surviving in a crazy office

우리 팀장은 사고유발자

부하직원이 사고를 치거나 실수를 하면 한마디 할 수 있지만 상사가 사고를 치면 화를 내고 싶어도 그럴 수가 없다.

김대식 대리는 사무실만 들어오면 짜증부터 난다. 뒤로 가다 가 뭐 밟은 격인 팀장 때문이다. 평소 일도 제대로 못하고 회의 시간에는 시대와 뒤떨어진 생각만 내놓는 팀장이었다. 그런데 한 부하직원이 마무리만 하지 못한 상품개발 기획안을 두고 퇴 사하는 바람에 얼떨결에 팀장이 맡았다. 그나마 그것도 팀장은 김대식 대리에게 계속 물어보면서 마무리를 했다.

그렇게 마무리된 기획안의 상품이 대박이 나버렸다. 그 뒤로 어깨에 힘을 주며 다른 사람의 일에 훈수를 두는 팀장을 보면

126

김대식 대리는 가증스러워 짜증이 넘쳐난다.

그나마 이런 팀장은 낫다. 팀에 짜증은 안겨도 피해는 주지 않으니까 말이다. 하지만 하는 일마다 사고를 터뜨리는 바람에 부하직원들이 업무보다 상사 뒤치다꺼리에 시간을 더 쓰게 만드는 상사는 사람을 미치게 만든다.

사고만 일으키는 상사의 활약상은 다양하다. 뭔가를 시작할 때는 항상 "나를 따르라"인데 중간에 "이게 아니네" 하고는 그동안 작업했던 것을 제로(0)로 만들어 시간과 노력만 허비하게 한다. 게다가 다른 부서도 무조건 자신을 따르라고 하는 바람에 부서끼리 사이가 좋지 않게 만들어버린다. 또한 간부회의에서 주제와 다른 엉뚱한 말을 하거나 과도하게 자기주장을 펼쳐 임원들이 '재 좀 이상한데', '문제 있는 거 아냐?'라는 의문을 갖게 만든다.

이런 상사는 자신뿐만 아니라 팀까지 고생시킨다. 분란만 일으키고 성과가 없으니 다른 부서들이 함께 일하기를 싫어하게 되고 자연스레 사고만 일으키는 상사의 팀은 외톨이가 될 수 있다.

무엇보다 상사가 윗선에 잘못 보여 찍히면 고생길은 훤하다. 여름휴가 기간에 난데없이 감사 명령이 떨어져 휴가는커녕 밤

새며 감사준비를 하기도 한다.

　사무실에서도 인맥의 효과는 크다. 어느 정도 직급까지는 능력이지만 그 이상은 인맥의 영향이 크다. 진급하게 되면 예전부터 같이 호흡을 맞췄던 사람을 주변에 배치하게 된다. 똑똑한 상사 한 명 잘 만나면 쉽게 승진할 수도 있다.

　승진까지는 아니어도 뛰어난 상사의 팀은 조직에서 빛을 내기가 쉽다. 다른 팀이나 외부업체, 임원들에게 '저 팀은 뭔가 파이팅이 있어'라는 인상을 주면 상사뿐만 아니라 팀원까지 좋은 점수를 받을 수 있다. 능력이 없는 팀원이라고 해도 상사만 잘 만나면 묻어갈 수 있다.

　누구나 상사 잘 만나 덕 좀 보자는 마음을 갖고 있지만 사고만 치는 상사를 만나면 그럴 기회가 거의 없다. 당신에게, 당신의 프로필에 피해주지 않기를 바라는 게 더 빠르다. 사고만 치니 팀이 두각을 나타내기는커녕 빛을 보기 힘들다.

　◉ **반면교사로 삼아라**

　사고만 치는 상사 때문에 짜증만 내지 말고 오히려 이것이 기회라고 생각하라.

　팀장이 사고 친 일을 수습하다 보면 어디서부터 잘못됐는지,

왜 실패했는지 등을 정리한 보고서를 쓰게 된다. 자연스럽게 반면교사(反面敎師)의 시간이 되는 것이다. 이렇게 반면교사를 통해 얻은 지식은 당신에게 매우 중요한 자료가 된다. 차후에 리더가 되어 이와 비슷한 일을 진행하면 반면교사를 통해 얻은 지식은 실패 확률을 떨어뜨리는 무기가 될 것이다. 실패에서 배운 것이 더 효과적이라는 말이 있지 않은가.

"팀장, 또 사고쳤어", "언제 또 수습하지"라며 투덜대지 말고 뭔가 배울 시간을 준 상사에게 감사해하며 이번 사고에서 배울 점은 무엇인지 눈에 불을 키고 들여다봐라.

또한 사고치는 팀장 옆에서 묵묵히 수습하는 당신을 다른 팀에서 보면 당신에 대한 평가는 자연스럽게 높아질 것이다. 상사라면 누구나 어떤 일이 벌어져도 짜증내지 않고 조용히 일하는 부하직원을 원한다. 그런 부하직원의 모습을 다른 상사들이 당신에게서 보고 있는 것이다.

◉ 의견은 되도록 내지 마라

무조건 나를 따르라는 상사에게 진행 방향이나 반대의견은 내지 않는 게 낫다. 지난번과 똑같은 실수를 하고 있어도 못 본 척해라. 어차피 당신의 의견을 들을 일도 없다.

만일 저번에는 실패한 일을 그때 그 방식으로 똑같이 했는데 이번에 성공한다면 상사의 행동에 반대한 당신은 매우 난처해진다.

⊙ 소문을 놓치지 마라

속한 팀의 업무가 점점 줄어들거나 팀장에 대해 여기저기서 좋지 않은 말이 들리면 조만간에 당신이 속한 팀에 변화가 생길 가능성이 높아진다. 다른 팀장이 오거나 팀이 해체될 수도 있다. 당신의 팀과 관련된 다른 팀의 평가는 어떤지, 팀장 교체설이 있는지 등의 소문을 귀담아 들어야 한다. 소문이 점점 현실화가 되면 슬슬 다른 팀장들, 팀장 승진 0순위인 사람들과 친분 쌓을 준비를 해야 한다.

4장

다른 팀으로 보내고 싶은 부하직원

군대에서 신병이 자대배치를 받고 들어갈 때 분대장들은 서로 똘똘해 보이는 신병을 데려가려고 애쓴다. 물론 분대장들의 계급 순으로 결정된다.

계급이 제일 낮은 분대장은 누가 봐도 제일 부족해 보이는 신병을 받는다. 그 신병은 예상대로 다른 신병에 비해 뭐든지 부족하다. 그런 신병을 볼 때 분대장은 자기 자리를 다른 사람에게 넘겨주고 싶은 마음이 굴뚝같다. 부하직원보다 먼저 부서를 옮기고 싶은 당신처럼 말이다.

Surviving in a crazy office

상사를 위한 부하직원은 없다

어제 마신 술이 아직 덜 깨서 머리가 지끈지끈하다. 오늘 오전은 설렁설렁 보내고 점심에 설렁탕으로 해장한 다음 오후에 본격적으로 일해야겠다는 생각을 하고 있는데, 김 대리가 자리에서 일어난다.

'어제 폭음도 김 대리의 실수 때문에 부장에게 깨졌기 때문인데 나 없는 사이에 혹시 또 무슨 사고를 쳐서 내게 보고하려는 것일까? 아, 다행이다. 화장실을 가는 거였구나.'

한숨을 돌리고 커피 한잔 마시려고 휴게실로 가는데 뒤에서 김 대리의 목소리가 들려온다.

"팀장님, 드릴 말씀이…."

뒤통수를 한 대 맞은 이 느낌은 무엇인가? 불안하다. 천천히 몸을 돌리는데, 아니나 다를까 김 대리가 머리를 긁적이고 있다. 분명 무슨 사고를 친 것이다.

김 대리 뒤로 자리에 앉아 있는 다른 직원들의 얼굴을 보니 매우 어둡다. 대형 사고인 것 같다.

승진해서 팀을 이끌게 되면 하루라도 빨리 실적을 내려고 동분서주하지만, 정작 부하직원들은 왜 이리 행동이 더딘지 답답할 노릇이다. 출근하자마자 전투적으로 일하기를 바라지만, 도대체 일은 언제 하는지 가늠할 수가 없다.

커피를 마시며 여유롭게 인터넷 서핑을 하거나 메신저로 사람들 안부를 물으며 시간을 보내더니 11시 30분부터 점심을 뭐 먹을지 고민하는 것 같다. 매일 팀장보다 늦게 나오는 저놈은 어떻게 할고.

"일 좀 하지"라며 말하고 싶어도 팀장 됐다고 벌써 허세 부리냐는 말을 들을까봐 속으로 끙끙 앓기만 한다.

일이 많아 야근할 생각을 하고 있는데 팀원들은 6시 '땡' 하면 사라진다. 다른 팀의 부하직원들은 똑똑하고 일도 척척 잘하는 데 왜 내 부하직원들만 이러는지 정말 모르겠다.

승진해서 처음으로 부하직원이 생긴 팀장은 대부분 이런 과정을 거친다. 자신의 의욕은 앞서는데 팀원들은 그 반의 반도 따라주지 않는다고 생각한다. 그렇다고 부하직원을 강압적으로 밀어봤자 엉뚱한 곳으로 튀어나가기 마련이다.

사실 알아서 잘해주는 부하직원들을 만난다는 것은 하늘의 별따기다. 부하직원이 내 분신이 아닌 이상 나와 똑같은 생각과 행동을 하는 사람은 아무도 없다.

⊙ 신바람이 나게 하라

일할 때까지 붙잡아 놓으려고 야근을 강제로 시켜봤자 일의 능률은 오르지도 않고 팀원끼리 불만만 많아진다. 팀원 스스로 하도록 동기를 부여하게 해야 한다.

수시로 술자리, 커피 타임을 가지면서 상사인 나와 부하직원인 너는 하나의 팀이니 다 같이 열심히 일해서 다른 팀보다 높은 실적을 내고 인센티브도 많이 받자는 긍정적인 자극을 계속 줘야 한다.

작은 성공에도 칭찬을 아끼지 말고 가끔은 상대방이 오버처럼 느껴질 정도로 칭찬하라. 부하직원은 '팀장, 왜 이렇게 오버해?'라고 생각하지만 결코 싫어하지 않는다. 계속 칭찬을 받으려고 자신의 업무에 집중할 것이다.

⊙ 무언의 압력을 줘라

회의실에 다 모아놓고 열심히 하자고 말해봤자 팀원들은 자리로 돌아오면서 다 잊어버린다. 그렇다고 얼굴 볼 때마다 열심히 하자고 해도 팀원들에게는 잔소리로 들릴 뿐이다.

팀원들이 다 볼 수 있는 곳에 화이트보드를 놓고 중요한 업무 내용, 마감시한 등을 적어 놔라. 팀원들은 모르는 척하면서 관심을 갖게 될 것이며 자연스럽게 긴장감이 생긴다.

⊙ 팀원의 뒤에 서 있지 마라

도대체 저 팀원은 하루 종일 앉아 하는 일이 뭔지 궁금하다고 팀원의 뒤에서 지켜보거나 팀원의 컴퓨터 모니터로 얼굴을 불쑥 들이미는 팀장도 있다. 그런 팀장의 행동에 대해 팀원은 자신이 감시당한다고 생각하며 매우 불쾌할 수 있다.

부하직원은 상사가 자신의 자리 주변으로 오는 것에 대해 매우 적대감을 느낀다. 자기 자리만큼은 일종의 프라이버시 구역으로 생각한다. 그 프라이버시를 건드리지 마라. 정 궁금하거나 용건이 있으면 팀원을 당신 자리로 불러서 물어보면 된다.

⦿ 부하직원 탓을 하지 마라

일이 잘 안 되면 상사는 부하직원 탓을 하는 경우가 있다. "나는 모르니까 알아서 해.", "네가 책임지면 되겠네." 하지만 그런 탓을 해봤자 수습은 수습대로 안 되고 상사에 대해서는 적대감만 생기게 할 뿐이다.

누가 잘못했나를 따지기 전에 상사가 앞장서서 잘못된 일을 수습해야 한다. 일이 되지 않아 풀이 죽은 부하직원을 독려하면서 피해를 최소화하려는 모습을 보여야 한다. 그 과정을 통해 당신의 팀은 하나가 되는 계기를 갖게 된다.

버릇없는 부하직원

김 과장: 이번에 사고 난 거 어떻게 처리하고 있나?

이 대리: 제가 알아서 하고 있습니다.

상사인 당신이 지시한 내용에 대해 불필요하다고 일언지하에 거부하는 부하직원. 진행사항을 물었더니 알아서 할 테니 관심 끄라는 부하직원이 눈앞에 있다면 심정이 어떻겠는가. 의외로 이런 부하직원이 많다. 누가 있건 없건 간에 상사의 말은 잘 듣지도 않고 업무도 회사 내부 규칙이나 상사의 지시보다 자신의 스타일로 처리하는 부하직원. 다른 사람이 보면 상사인 당신은 참 우스운 모양새가 된다.

상사가 지시 내린 업무를 알아보겠다면서 그 뒤로 아무런 보고가 없는 부하직원은 그나마 낫다. 기억력이 좋지 않다고 생각하면 되니까 말이다. 하지만 지시를 하면 "그런 방법은 요즘 다른 곳에서는 하지 않습니다", "그런 거 할 필요 없습니다", "제가 알아서 한다니까요"라며 자기 자리로 간다면 상사는 이 놈을 어떻게 다뤄야 하나 답답할 뿐이다.

버릇없는 부하직원은 상사 입장에서 보면 구타를 유발시키는, 제일 다루기 힘든 부하직원이다. 이런 부하직원은 자신의 행동이나 말에 당황해하는 상사를 보는 것을 즐거워하며 그를 통해 자신이 대단하다는 착각을 하기도 한다. 이런 부하직원에게 끌려 다니면 상사로서 위치가 불안해진다. 다른 팀원까지 당신의 리더십에 의문을 가지면서 버릇없는 부하직원처럼 만만한 상사로 보기 때문이다.

⊙ 강하게 밀어붙여라

버릇없는 부하직원이 업무에 대해 무엇을 생각하는지, 의견이 어떤지를 물을 필요가 없다. 부드러운 리더십, 소통의 리더십은 이런 부하직원에게 통하지 않는다.

부하직원이 긍정적인 의견 외에 부정적인 의견이나 비꼬는 의견을 내면 바로 묵살하고 상사의 의견을 무조건 따르도록 강하게 밀어붙여야 한다.

그렇게 하는데도 상사의 말을 듣지 않으면 일부러 다른 직원들이 있을 때 크게 꾸짖고 당분간 주요한 일은 맡기지 마라. 그 대신 누가 해도 사고가 나지 않을 정도의 일이나 커피 타기 등 잔심부름 정도를 맡겨라. 스스로 반성하는 시간을 주는 것이다.

⊙ 절대로 구타는 금물

버릇없다고 절대로 때리면 안 된다. 가끔 사무실에서 주먹이 오고 가는 일이 발생하는데 이런 사건이 벌어지면 누가 잘못했는지를 떠나 직급이 높은 사람이 무조건 불리하다. 또한 이런 부하직원일수록 고소하겠다느니 진단서를 떼러 병원에 가겠다느니 팀장 바꾸라느니 난리를 칠 게 뻔하다. 주먹이 올라가더라도 참고 참아라. 이상한 부하직원 하나 때문에 당신의 경력이 무너져야 하겠는가.

⊙ 갈등은 바로 풀어라

필자는 전 직장에서 팀장과 팀원 1명만이라 단출한 팀인데도 보름에 한 번씩 싸우는 것을 본 적이 있다. 팀원이 팀원으로서 자세가 바람직하지 않은 것이 문제였다. 팀원은 팀장과 언쟁을 하기만 하면 말끝마다 "그러니까 위에 얘기해서 저를 다른 팀에 보내겠다고 하세요"라고 하고, 다른 팀장에게는 본인의 팀장을 헐뜯으면서 본인만 정당하다고 주장했다. 보다 못한 부서장이 팀장은 다른 팀의 팀원으로, 팀원은 다른 층의 팀으로 보내 버렸다.

상사인 당신과 계속해서 마찰을 빚는 부하직원이 있거나 팀원끼리 서로 협력하지 않는다면 이 또한 상사 입장에서는 미칠 노릇이다. 일부 상사는 사이가 좋지 않은 부하직원과 아예 커뮤니케이션을 단절하고 내버려두는데 절대로 그러면 안 된다. 일은 일대로 안 되고 관계는 더욱 악화되며 팀 전체가 융화되지 못한다.

상사가 먼저 말을 걸고 둘만의 자리를 가지면서 오해하는 부분이 있는지, 뭐가 잘못됐는지 이야기로 풀어야 한다. 만약 이성이라면 그 이성의 직속 선배나 후배에게 대신 부탁을 하는 것이 좋다.

◉ 재배치를 건의하라
상사가 아무리 노력해도 그 관계가 풀어지지 않거나 부하직원이 계속 삐딱하게 행동하면 그 부하직원을 다른 팀으로 재배치하도록 회사에 건의하는 수밖에 없다.

이렇게 하면 팀원을 제대로 관리하지 못한 까닭에 인사평가에서 감점을 받지만 더 큰 사고를 예방한다는 차원에서 하루라도 빨리 재배치를 건의하는 것이 좋다.

아부하는 부하직원은 경계하라

당신이 승진하는 순간부터 당신에게 웃으며 접근하는 부하 직원이 반드시 나타난다. 내가 해야 하는 아부는 짜증나지만 받는 아부는 기분이 좋다. 받는 사람 입장에서는 '아부'처럼 달콤한 말도 없을 것이다.

처음에는 아부하는 사람을 경계하지만 계속 들으면 빠져든다. 아부에 길들여지면 아부하는 직원의 말만 들리고 그 직원의 실수나 잘못이 보이지 않는다. 그 순간부터 아부하는 직원은 슬슬 본색을 드러낸다. 강력한 보호막이 생겼으니 상사가 없을 때는 자신이 상사인 것처럼 행동한다. 자신을 따르는 라인을 만들기도 한다.

다른 팀원들도 당신을 아부에 쉽게 넘어가는 인물로 파악하고 좋은 성과를 내서 칭찬받으려고 하기보다 아부로 손쉽게 가까워지려고 노력한다. 팀은 아부하는 팀원과 그렇지 않은 팀원으로 편이 나뉘고 팀 전체 실적은 자연스럽게 떨어지게 된다.

아부에 맛을 들이면 달콤한 말만 듣게 된다. 자신의 생각에 반대하는 의견, 고치라는 조언은 당연히 듣기 싫어진다. 갈수록 당신의 시각은 좁아져서 잘못된 선택을 많이 하며 객관적이고 합리적인 판단을 할 수 없게 된다.

아부에 넘어가지 않기 위해서는 매일매일 신경 써야 한다. 언제 아부에 넘어갔는지 알기 힘들고 아부 때문에 그릇된 판단을 한 결과가 후회스러울 때야 비로소 아부에 눈이 멀었다는 것을 알게 된다.

사무실에 혼자 남아 있을 때 부하직원들의 책상을 하나씩 보며 오늘 누가 내게 달콤한 말을 했는지, 쓴 말을 했는지 되돌아보고 요즘 괜히 실실 웃으며 접근하는 직원이 있는지, 직원들이 자신을 보는 눈빛이 예전과 다른지 점검해보라.

남자 상사의 경우에는 여자직원의 아부에 쉽게 넘어갈 수 있다. 동성의 접근보다 이성의 접근에 더 약한 법이다. 하지만 여자직원과의 관계는 주변 사람들의 시선이 아부관계를 넘어 불륜까지 확대 해석할 가능성이 높아 타격이 더 심할 수 있다. 게다가 업계에 파다하게 소문이 난다면 이직까지 힘들어진다.

아부, 내가 상사에게 할 때는 더럽지만 받을 때는 이처럼 달콤한 것도 없다. 직장생활의 새로운 활력소처럼 느껴지기도 한다. 하지만 사람은 단맛에 길들어질수록 더욱 단맛을 찾기 때문에 아부는 처음부터 경계해야 한다. 그렇지 않으면 지금까지 밤낮으로 노력해서 얻은 자리를 하루아침에 날려버릴 수 있다.

바보들과 함께라면

팀원 모두가 마음에 들지 않는 김대식 팀장. 그래도 팀을 이끌어야 하는 입장인지라 오늘도 팀원들을 모아 회의를 한다.

회의실에서 팀원의 사기를 열심히 북돋우고 업무에 관해 열변을 토했건만 눈만 껌벅이는 팀원들을 보면 혈압이 자연스럽게 올라간다. 강제라도 의견을 내게 하기 위해 한 명씩 지목했지만 하나같이 이상한 말만 하고 있다. 자기들끼리면 의견이 나올까 싶어 "상의해" 하고 회의실을 나갔다.

점심약속을 끝내고 돌아와 팀원들에게 어떻게 할지를 물어본 김 팀장은 대답을 듣고는 허탈하게 웃을 뿐이었다.

"홍상의 대리가 하기로 했습니다."

상의하라고 했더니 (홍)상의에게 하라는 줄 안 팀원들. 만일 그런 직원들과 팀을 이루었다면 당신은 팀을 이끌 자신이 있는가.

상사들의 뒤치다꺼리를 참고 버텨서 진급을 하면 왠지 그동안의 고생이 한꺼번에 보상받는 느낌이 든다. 하지만 생사고락을 함께할 부하직원들이 마음에 들지 않거나 그들이 도대체 어떻게 회사에 들어왔는지 궁금증만 생기는 경우이면 눈앞이 깜깜해진다.

월요일에 지시했는데 목요일이나 돼서야 움직이고 불러주면 받아쓰는 것 외에는 못하는 부하직원, 그것도 못하냐고 하면 전에 있던 회사에서 하지 않았던 일이라며 멍한 표정으로 앉아 있는 부하직원, 스케줄을 잘 지키라고 화이트보드를 사서 벽에 걸어줬더니 오늘의 점심 메뉴만 적어놓은 부하직원이 당신이 앞으로 이끌 팀에 있다면 어떻겠는가? 분명 당신이 이끌어야 할 팀의 실적은 떨어질 것이고 같이 승진한 동기들과의 경쟁에서도 뒤처질 것이다.

이런 팀을 맡았다면 팀장이 좀 더 나서는 수밖에 없다. 나는 밑에 있을 때 알아서 일을 다 했는데 부하직원들이 그렇지 못하다고 투덜대지 마라. 이제부터 회사는 실적보다 팀을 이끄는 당신의 리더십을 더 관심 있게 지켜볼 것이다. 좋든 싫든 짜증이 나든 어떻게든 팀을 잘 이끌어야 하는 당면과제가 당신 발앞에 떨어졌다.

◉ 업무 매뉴얼을 만들어라

그대로 따르기만 하면 일을 해낼 수 있도록 업무 관련 매뉴얼을 만든다. 그리고 팀원들의 인원수대로 업무를 나눠라. 나눈 업무를 각 팀원에게 분배해 그 업무만큼이라도 제대로 할수 있게 지시한다. 팀원이 그 매뉴얼대로 업무를 시작하게 되면 수시로 보고하게 만들어 진행사항을 계속 확인하라.

◉ 중요한 데이터는 다시 한 번 확인하라

상사는 부하직원이 정리해서 보고한 데이터 등을 근거로 시장을 판단하고 계획을 짠다. 그런데 만일 그 데이터가 잘못 정리되었다면 아무리 훌륭한 계획도 잘못될 수밖에 없다.

부하직원들이 실수를 자주 한다면 상부에 보고할 서류와 관련된 데이터는 상사인 당신이 한 번 더 확인하라. 부하직원이 제대로 정리하지 못했다고 해도 깨지는 것은 보고한 상사라는 것을 잊지 마라.

⊙ 부하직원의 사고 뒷수습을 대신하지 마라

업무와 관련해서 사고가 났을 때 나서서 해결하려고 하지 마라. 나중에 비슷한 일이 벌어졌을 때 부하직원들은 '팀장이 이번에도 해결해주겠지'라는 생각으로 그리 심각하게 받아들이지 않는다. 먼저 누가 잘못했는지를 명확하게 결론내리고 담당자를 다른 부하직원들 앞에서 꾸짖어라. 담당자는 긴장하고 다른 부하직원들은 분발하게 된다.

상사보다 똑똑한 부하직원

"요즘은 신입생이 영어를 더 잘해요."

필자가 복학한 대학후배들을 만났을 때 들은 말이었다. 영문 과를 다니던 후배는 군대를 제대하고 복학해보니 신입생들은 이미 중고등학교 때 어학연수 등을 통해 영어를 잘하는 수준으로 입학했다는 것이다. 일부 학생은 교수보다 잘하는 것 같다고 한다.

이런 현상이 이미 수많은 회사에서 벌어지고 있으며 올해 들어온 직원들이 작년에 들어온 직원들보다 더 뛰어나다는 평가까지 나오고 있다.

예전에는 직원들의 능력계발을 위해 회사에서 돈을 많이 들여 외국어, 컴퓨터 등을 교육시켰지만 지금은 치열한 취업경쟁률을 뚫기 위해 스펙을 쌓다보니 바로 업무에 투입해도 큰 무리가 없을 정도의 능력을 갖고 입사한다. 이미 머리가 조직의 틀에 맞게 굳어버린 기존 구성원들보다 신선하고 두뇌회전이 빠르기 때문에 갓 들어온 직원이 획기적인 아이디어를 내는 경우가 많다.

경력사원 위주로 채용하는 풍토도 한몫하고 있다. 새로운 인적 네트워크와 좀 더 차별화된 업무방식을 갖춘 경력사원의 등장은 기존 조직에 활력을 불어 넣어준다. 일부 경력사원은 기존 상사들보다 더 좋은 결과를 단기간 내에 만들기도 한다.

회사 입장에서는 신입사원이 새로운 아이디어와 기획으로 획기적인 상품을 개발해내거나 매출을 올리니 긍정적으로 보지만, 바로 위 상사인 당신 입장에서는 꼭 좋다고만은 할 수 없다. 부하직원이 계속 인정받으면 당신의 위치가 불안해질까 봐 거부감이 생겨 똑똑한 부하직원에게 소극적인 자세로 대하거나 능력을 제대로 발휘하지 못하도록 태클을 걸 수도 있다.

만일 부하직원이 당신의 의견에 반론을 제시하거나 당신이 보는 앞에서 인상을 찡그리면 일 좀 한다고 인정해주니 눈에 뵈는 게 없다고 생각해 그때부터 부하직원을 밑도 끝도 없이 공격하게 된다.

자신이 똑똑하다고 생각하는 부하직원은 다른 사람의 지시나 조언에 신경 쓰지 않는다. '다른 사람'이 상사라고 해도 경우에 따라서는 말을 듣지 않는다. 확신이 강하면 상대방의 이야기에 절대로 귀를 기울이지 않는 경우도 있다.

상사가 자신보다 업무를 모르는 것 같다고 확신하는 순간부터는 '나보다 나이 많은 것 빼고는 뭘 잘하지?'라고 생각하며 슬슬 무시하는 똑똑한 부하직원도 있다. 똑똑한 부하직원 때문에 스트레스를 받는 상사와 똑똑하지 못한 상사 때문에 스트레스를 받는 부하직원의 입장 차이 때문에 조직 내에서 갈등이 일어날 확률이 높다.

서로 협력해도 조직의 치열한 경쟁구조에서 이길까 말까인데 내부에서 갈등이 발생하고 지속되면 일보다는 이직만 생각하게 된다. 이직을 하지 않아도 서로 부딪히기 싫으니 정해진 업무, 기존에 해오던 업무만 반복할 뿐이다. 상사, 부하직원 모두 업무보다는 서로를 경계하는데 시간을 허비한다.

⊙ 실력을 길러라

무엇보다 상사인 당신이 실력을 길러야 한다. 똑똑한 부하직원과 의견을 원활하게 교환하고 부하직원의 질문에 답해주기 위해서는 본인의 능력이 어느 정도 뒷받침되어야 하기 때문이다.

직원이 미처 생각하지 못한 부분에 의견을 주고, 직원의 아이디어나 의견이 더욱 체계화되고 구체적으로 실현되게 뒷받침해주는 상사라면 제아무리 안하무인격인 부하직원이라도 리더로서 인정해주고 따를 것이다.

◉ 배울 점을 찾아라

어느 날부터 부장의 입에서 부하직원의 이름이 나오는 일이 많아지면 상사인 당신은 자신보다 더 출세하지 않을까라는 생각에 그 부하직원을 경계하게 된다. 하지만 그 경계에 신경 쓰느라 정작 자신의 일은 소홀할 수 있다.

부장이 그 부하직원의 어떤 면을 마음에 들어 하는지, 그 부하직원에게 배울 점은 무엇인지 파악하여 자기의 것으로 하루라도 빨리 만들려는 자세가 앞으로 경력을 쌓는데 도움이 된다. 세 살 아이에게도 배울 점이 있다는 자세로 접근하면 좀 더 발전된 당신이 될 것이다.

◉ 당신의 머리꼭대기에 오르지 못하게 하라

똑똑한 부하직원이 제대로 능력을 펼 수 있는 분위기를 만들어주되 당신의 머리꼭대기에 오르지 않게 해야 한다. 똑똑한 부하직원에게는 지시보다 먼저 의견을 제시하도록 유도하면서 타당한 경우 의견대로 업무를 진행하도록 허락해준다. 그렇게만 해주면 똑똑한 부하직원은 신이 나서 능력을 100퍼센트 이상 발휘할 것이다.

그러나 업무의 마무리는 반드시 상사인 당신과 같이 하도록 해야 한다. 칭찬만 해주거나 결정권까지 줘버리면 상사의 머리꼭대기에 오를 가능성이 높으니 적당한 시기에 상사가 있음을 인식시켜줘야 하기 때문이다.

◉ 부하직원의 실수를 격려해줘라

똑똑한 부하직원이 업무와 관련해 실수했거나 결과물이 실패로 끝났다고 "똑똑한 척하더니 잘 됐네"라고 말하지 마라. 재도전할 수 있도록 격려해줘야 한다. 그것이 상사의 바른 자세다.

아무리 위로라고 해도 다른 사람 앞이라면 다른 사람의 시각에 부담을 느끼고 자존심에 상처를 받을 수 있으니 상사와 부하직원 단둘이 있을 때 하는 것이 좋다.

만일 회사 차원에서 부하직원에게 질책이 있게 되면 상사가 어느 정도 막아주는 모습을 보여줘야 한다. 그런 상사의 모습을 본 부하직원은 상사 앞에서만큼은 순한 양처럼 변할 것이다.

Surviving in a crazy office

5장

눈치가 빨라야 살아남는다

직장생활을 하면 할 일이 태산이다. 철야까지 해도 도대체 끝이 없다. 그렇다고 일만 하면 안 된다. 사람이 우글거리는 곳이라 업무 외에 신경 쓸 게 아주 많다.

오늘 사무실 분위기가 어떤지, 팀장의 컨디션은 좋은지, 누가 누구의 라인인지 등도 수시로 확인하고 소문도 가장 최신 정보로 업그레이드해야 한다. 일은 그럭저럭 해도 눈치가 빠른 사람이 엘리트 사원보다 사무실에 더 오래 버틸 수 있다.

일하는 것 이상으로 상황 파악을 잘해야 하고 정치적으로도 움직여야 한다. 그러면서 티를 내면 안 된다. 사람은 자신이 정치적으로 행동하는 것은 생존본능이라고 생각하지만 남이 정치적으로 행동하면 경계하기 때문이다. 다른 사람들에게 티 내지 않으면서 사무실에서 살아남으려면 어떻게 해야 하나?

사무실에서 하지 말아야 할 일

'해야 할 일'이 있다면 '하지 말아야 할 일'도 반드시 있다. 사람들은 직장생활을 하다보면 어떤 결과물을 만들어야 한다는 강박관념 때문에 '해야 할 일'만 생각한다. 그래서 정작 '이 상황에서는 이것을 하지 말아야 한다'는 생각을 잘하지 못해 피해를 입는다. 사무실에서 하지 말아야 할 일이 의외로 많다.

⊙ 아무도 믿지 마라

나만 따라오면 출세한다는 상사도 그의 앞에서는 따르는 것처럼 하면서 적당한 거리를 두는 게 좋다. 믿고 있다가 아웃되면 그 상처는 더 심하다.

누구보다 나를 잘 챙겨주는 사람이 있어도 빠져들지 말고 고마워하는 정도에서 그쳐라. 분위기에 취해 당신의 약점을 얘기하거나 노출하면 그 즉시 꼬리가 잡힌다. 나 하나 건사하기도 힘든 회사에서 다른 사람까지 챙겨줄 천사는 없다.

당신에게 호의적인 사람은 언젠가 그 사람이 위험할 때 필요한 방패나 희생양을 만들기 위한 사전행동이 대부분이다.

⊙ 민감한 사항일수록 말로 하라

결과가 그다지 좋아 보이지 않는 일을 할 때는 되도록 흔적이 남지 않게 말로 하는 것이 좋다. 흔적을 남기면 나중에 꼬리가 잡힐 수 있다.

말은 하는 사람이나 듣는 사람이 제대로 기억하지 못하기 때문에 추후 일이 잘못됐다 해도 명확히 뭐라고 할 수 없다. 흔적이 없기 때문이다. 또한 결과가 나쁠 것으로 예상되는 일에는 기안서 등에 이름을 남기지 마라.

⊙ 감정 섞인 메일을 보내지 마라

다른 사람과 다툼을 한 다음 감정 섞인 내용을 담아 휴대전화 문자나 메일을 보내지 마라. 그 문자나 메일은 당신을 두고 두고 공격하는 상대방의 무기가 된다. 상대방은 받은 메일, 문자를 절대로 지우지 않고 보관한다. 당신을 흠보기 위한 비밀 병기로 오랜 기간 동안 활용할 것이다.

⊙ 조직을 위해 희생하지 마라

조직을 위해 희생하겠다며 사표를 내고 주변 동료들의 위로를 받으며 나가는 주인공을 드라마에서 종종 보게 된다. 그러고는 어려운 환경을 이겨내고 성공하면서 드라마는 끝이 난다. 그런데 그런 드라마를 현실과 착각해 조직을 위해 희생하려는 사람이 가끔 있다. 과연 드라마처럼 다시 일어설 수 있을까? 천만의 말씀이다. 그런 일은 절대로 일어나지 않을뿐더러 그 희생을 길이길이 기억하는 회사도 없다.

다른 회사에 취업하려 해도 당신의 희생이 당신의 발목을 잡을 수 있다. 면접관은 당신의 희생을 희생이라 여기지 않고 전 회사에 중대한 잘못을 했기 때문에 잘렸다고 생각한다. 희생은 드라마의 주인공이나 하는 것이다.

⊙ 정직하게 대답하지 마라

사장이나 임원과 식사를 하면 으레 나오는 질문이 "회사 다니는 데 불편한 거 없나?"이다. 불편한 게 있어도 어느 안전이라고 감히 불편하다고 이야기할 수 있겠는가. 형식적으로 하는 질문인데 놀랍게도 불편한 점 있다고 말하는 사람이 가끔 있다. 정말 그런 일이 눈앞에서 현실로 벌어질 때면 주변 사람들은 눈앞이 깜깜해진다.

상사가 무언가를 물을 때 정직하게 정답을 이야기할 필요는 없다. 어차피 그들도 형식적으로 질문하는 것뿐이다. "회사 다니는 데 불편하지 않나?", "지금 진행하는 프로젝트, 힘들지 않나?"라는 형식적인 질문에 "열심히 하고 있습니다", "그렇지 않습니다", "잘 되고 있습니다" 정도의 형식적인 답이면 충분하다.

⊙ 나쁜 유머를 하지 마라

업무가 빡빡해도 사무실에서는 업무 이야기만 하지 않는다. 회식이나 담배 또는 커피 타임에는 일 얘기 외에 연예인 이야기, 스포츠 이야기, 가벼운 농담 등이 오고 간다.

이런 편한 자리에서는 분위기를 좋게 만든다고 서로 유머 있는 이야기를 한다. 하지만 좋은 분위기를 만들려고 한 유머가 상대방에게 상처를 주거나 분위기를 망치는 경우가 있다. 심지어 팀의 화합을 위해 만든 자리가 말 한마디로 서로 감정이 상해서 오히려 팀의 분열까지 초래하는데 이른바 '나쁜 유머'의 부작용이다.

직원의 신체를 소재로 삼는 유머가 대표적인 나쁜 유머다. 뚱뚱한 사람에게 "김 대리의 몸을 닮은 돼지 먹으러 갑시다. 하하하", "요즘 돼지 구제역 발생했다는데 박 차장 친구 관리 어떻게 한 거야? 하하하" 등의 유머를, 머리숱이 별로 없는 사람에게 "이 실장 덕분에 어두운 밤길이 환해서 넘어지지 않겠어", "머리 감을 일이 없으니 아침에 일찍 나오겠네" 등의 유머를 한다면 듣는 사람의 기분이 어떻겠는가? 주변 사람들도 듣는 사람의 기분을 살피며 불편해할 것이다. 특히 여자직원이 그런 말을 듣는다면 자존심에 큰 상처를 받는다.

⊙ 긴장의 끈을 놓지 마라

사무실을 둘러보면 모두 자신의 자리에 앉아 조용하게 열심히 무언가를 하고 있다. 자신의 컴퓨터 모니터만 보는 것 같지만 다른 사람들의 움직임, 작은 소리까지 포착하기 위해 보이지 않는 안테나를 사무실 천장까지 올린 다음 열심히 돌리고 있다. 긴장의 끈을 놓고 있지 않은 것이다.

사무실에 들어서면 퇴근하는 순간까지 긴장을 놓으면 안 된다. 놓는 순간부터 몸이 풀어지게 되는데 기가 막히게도 다른 사람들, 특히 경쟁자들이 재빠르게 알아채고 당신을 제칠 틈을 찾는다.

가늘고 길게 가고 싶은 사람들에게

2000년대 초반부터 '사오정(45세 정년퇴직)', '오륙도(56세까지 회사에 남아 있으면 도둑)'라는 유행어가 시작되면서 '평생직장은 없으니 평생직업을 가져라'는 말이 직장인들 사이에서는 일종의 잠언처럼 되었다. 요즘은 정년퇴직이 더 당겨져서 사오정, 오륙도를 각각 사사정(40세 정년퇴직), 오도사(50세까지 회사에 남아 있으면 도사)로 바꿔야 하지 않을까 생각한다. 이는 기업이라는 곳이 '효율성'과 '효과성'을 따르는 체제의 영향이 크기 때문에 생겨난 용어라고 생각한다.

회사에서 운영비 대부분을 차지하는 인건비를 해결하는 방법 중 하나가 구조조정이다. 어차피 누가 해도 어느 정도의 결

162

과물을 만든다면 회사는 당연히 나이 많거나 하는 일에 비해 월급을 많이 받는 사람을 내보내고 싶어 한다. 그 빈자리는 남겨진 사람들이 퇴근시간을 점점 미루면서 보충하든가 경력이 짧은 사람이나 계약직으로 채울 것이다.

회사에 오래 남고 싶다면 어떻게 하는 것이 좋을까? 매년 뛰어난 실적을 내면 되겠지만 그런 슈퍼맨은 극히 드물다. 차라리 상사의 감정을 만져주는 부하의 자세가 가장 유용하다.

한 회사에 임원이 10명 있었다. 10명 중 8명은 정말 똑똑한 사람이고 2명은 보는 사람들마다 '어떻게 저 자리까지 올라갔을까?'라는 생각이 드는 사람이었다. 그 2명 중 1명은 친인척이다. 그렇다면 똑똑하지도 않고 아무런 연고도 없는 '나머지 1명'은 어떻게 그 자리를 차지하게 되었을까?

정말 똑똑한 사람들은 "사장님, 말씀 맞습니다", "사장님, 그렇게 하시면 안 됩니다" 등으로 일에 관해서만 이야기하지만, '나머지 1명'은 사장의 감정을 만져준다.

"사장님, 외로우시죠?"

사장도 사람이기 때문에 회사 외에 중요한 것이 많다. 대외적인 이미지, 부인과의 관계, 자녀들의 학업 등, '사장'이라는 사회적 위치 때문에 보통 직장인과는 다르게 엄청난 스트레스와 상처를 받는다. 하지만 사장에게 접근하는 사람은 거의 대부분 일에 관련한 이야기만 할 뿐이다. 남들이 일만 이야기할 때, '나머지 1명'은 일 외에 다른 말로 사장의 스트레스를 풀어주는 것이다.

"사장님, 이번 일 때문에 스트레스 많이 받으시죠? 그럴 때는 맛있는 음식이 좋습니다. 사장님이 좋아하시는 회를 끝내주게 대령해주는 곳을 새로 찾아냈습니다. 오늘 저녁에 모시겠습니다."

"사장님, 분위기 있는 카페에서 한강 야경을 보며 와인 한 잔 하시죠. 제가 예약해놨습니다."

사장은 분명 '나머지 1명'의 이런 말이나 행동이 아부인 것을 알지만 그 아부를 피로회복제처럼 달콤하게 느낀다.

이때 '나머지 1명'은 또 한 번의 업그레이드가 필요하다. 바로 사장 대신 손에 피를 묻히는 작업을 하는 것이다. 사장이라는 위치는 명예스러운 자리이기 때문에 그 명예에 흠집 나는 일은 다른 사람이 대신 맡아주기를 바란다. 그래서 '나머지 1명'이 그런 일을 하면 확고한 위치를 잡을 수 있다.

똑똑한 8명은(가끔은 친인척 1명까지) 실적 때문에 2~3년을 못 버티고 회사를 떠나지만 '나머지 1명'은 상대적으로 회사에 오래 남는다. 사장도 '나머지 1명'이 일을 잘한다고 생각하지는 않지만 그래도 옆에 두고 싶어서 회사에서 중요한 요직보다는 누가 맡아도 그리 큰 문제없는 무난한 자리로 계속 돌린다.

가늘고 길게 가고 싶은 사람이라면 '나머지 1명'의 자세를 갖는 것도 그리 나쁘지 않다. 치사해 보인다고 생각하지 마라. 회사에 있을 때는 '나머지 1명'을 비웃을지 몰라도 막상 회사를 떠나게 된 사람들 대부분이 '나머지 1명'을 부러워한다.

잊지 마라. 강한 사람이 살아남는 게 아니라 살아남은 사람이 강한 것이다.

Surviving in a crazy office

평판의 힘

옛날부터 동서양을 막론하고 자신을 상대방 앞에서 낮추는 것, 즉 '겸손'을 사람에게 필요한 미덕 중 하나로 꼽아왔다. 특히 우리나라 사람들은 조금이라도 거만하게 행동하는 사람을 참지 못한다.

하지만 요즘처럼 복잡하고 수많은 정보가 오가며 비슷비슷한 능력을 가진 사람들이 어우러져 있는 상황에서 겸손은 큰 의미를 갖지 못한다. 오히려 손해를 볼 수 있다. 능력을 중요하게 여기는 요즘 시대에서 겸손은 능력과는 거리가 먼, 그저 착하기만 한 사람으로 인식되기 때문이다. 그래서 때와 장소에 맞춰 적절한 자기 PR이 필요하다,

실제로 많은 사람이 자기 PR의 중요성을 알고 행동으로 옮기려고 하지만 그 과정에서 주저하는 것도 현실이다. 자칫 잘못하면 거만한 자기자랑으로 인식될까 우려되기 때문이다.

어느 정도 자기 PR, 자기 홍보를 해야 하는데 그렇다면 어떻게 해야 하는가? 제3자의 입으로 '나'를 알리는 방법이 좋다. 다시 말해 평판을 좋게 만드는 것이다.

사무실에서 '평판'은 매우 중요하다. 일을 잘해도 평판이 좋지 않으면 모든 것이 끝난다. 심할 경우 평판으로 한 사람 정도는 매장시킬 수 있다. 반대로 일을 잘 못해도 평판이 좋으면 가늘고 길게 버틸 수 있다.

이렇게 중요한 평판을 좋게 하려면 무엇보다도 사무실에 들어가서 한 달 안에 좋은 이미지를 곳곳에 심어놔야 한다. 평판의 절반은 첫인상에 의해 좌우되므로 초반에 좋은 이미지를 각인시키는 것이 좋다.

◉ "그 사람!" 하면 떠오르는 무언가를 가져라

사무실에서 자신만의 특기를 살려 다른 사람들에게 도움을 주면 평판이 좋아진다. 예를 들어 컴퓨터가 고장 났을 때 부르면 언제든 고쳐주는 사람, 평소 위트 있는 말로 분위기를 화기

애애하게 만드는 사람 등 긍정적인 이미지를 만들어 사람들 머릿속에 남으면 된다. 도움을 주는 사람에게는 호감을 갖는 것이 사람의 심리다.

직원들과 이야기하면서 무슨 단어에 민감해하거나 좋아하는지, 어떤 피드백을 선호하는지 등을 파악한 후 개별적으로 조심해야 할 것과 쓰지 말아야 할 표현을 구분해 대화하라. 말로도 상대방은 자신이 배려 받고 있다는 생각이 들게 되며 당연히 당신에게 좋은 이미지를 가질 것이다.

⊙ 회사 내외 사람들의 경조사는 절대로 빠지지 마라

기쁜 일에도 참석해야겠지만 특히 슬픈 일에는 되도록 빠지지 않고 얼굴 도장을 찍어라. 사람은 슬플 때 함께한 이를 더 잘 기억한다. 사정이 있어 못 가게 되면 경조사가 다 끝난 다음 연락해서 꼭 송금해라.

⊙ 아는 것은 되도록 간결하게 말하라

아는 것이 나왔다고 일장연설을 하면 상대방은 짜증만 낸다. 아는 척하는 사람이라는 소문만 날 뿐이다.

만일 모르는 것이면 아는 척하지 말고 모른다고 말한 다음 빠른 시간 내에 찾아서 알려줘라. 자신의 부탁을 소홀히 생각하지 않고 끝까지 챙겨준 당신에게 호감을 느낄 것이다.

반대로 평판을 좋지 않게 하는 행동도 있으니 주의해야 한다. 우선 사람들이 경계하는 인물이 되지 않도록 한다. 사람들은 앞에 나서기를 좋아하거나 나대는 사람, 티 나게 아부하는 사람, 사고치는 사람을 주로 경계한다. 또한 입만 열면 허풍, 허세, 거짓말을 하는 사람은 평판이 좋을 수 없다.

회사 내 동아리, 클럽 등 사적인 모임의 회장이 되려고 하지 마라. 아무리 잘해도 구설수가 나기 마련이며 일부러 음해하는 세력이 꼭 생긴다. 평판을 위해서라면 모임의 회장보다 사람들에게 연락하고 회비를 관리하는 총무를 맡아라. 연락 돌리고 회비를 관리하는 총무는 사람들이 자신의 일을 대신해준다고 생각해서 모임 때마다 수고한다고 한마디씩 한다. 그래서 사람들 기억 속에 매번 열심히 하는 사람, 모임 때문에 고생하는 사람으로 남는다.

평판은 남이 써주는 이력서다. 평소 조금만 더 신경 써서 행동한다면 당신의 평판은 좋아질 것이다. 당신은 가만히 있는데 다른 사람이 알아서 "당신은 좋은 사람"이라고 홍보해주니 얼마나 좋은가!

평판의 기회를 절대로 놓치지 마라. 아무리 뛰어난 능력자라도 평판이 나쁘면 그걸로 아웃이다.

여직원들을 조심하라

사무실에서 남직원들이 간과하는 것 중 하나가 여직원들을 신경 쓰지 않는 것이다. 음흉한 생각으로 접근하라는 말이 아니다. 여직원들의 입에 오르내리지 않도록 주의하라는 말이다.

여직원들은 평소 친한 사람 서너 명과 같이 움직이지만 정기적으로 직급을 배제하고 여직원들만 모이는 비공식적인 모임이 있다. 회사 대부분이 남자 위주이고 여자에게는 유리천장이 있다 보니 서로의 애환을 이야기하고 여자끼리 뭉치기 위한 여직원들만의 모임을 만드는 경우가 많다. 반면 남자끼리 모이는 모임은 거의 없다('퇴근 후 한잔'은 1회성이니 모임이라고 할 수 없다).

이런 모임에서는 거의 대부분 남직원들과 관련한 이야기가 술안주다. 주변에 있는 남자들의 이야기가 직급에 상관없이 펼쳐지며 조금이라도 꼴불견이나 문제가 있으면 바로 입에 오르내린다. 또한 남직원들의 업무 스타일뿐만 아니라 생활에 대해서도 정보교환이 활발하다.

여직원들은 그 모임에서 몰랐던 남직원들의 정보를 듣고 더욱 주의하게 된다. 평소 옆 팀의 남직원에게 호감을 가졌더라도 여직원들의 모임에서 "옆에서 볼 때는 점잖고 깔끔한 줄 알았는데 알고 보니 같은 팀 여직원에게 괴팍하게 굴고 또 돈 문제 때문에 항상 시끄럽다"는 말을 듣는 등 그 남직원의 깨는 이야기를 듣고 매우 놀랄 수 있다.

그렇다고 여직원 모임은 남을 흉보기 위해서 만든 것이라고 생각하지 마라. 자신은 겪어보지 못한 인물이나 상황에 대해 사전에 정보를 수집해서 대처하기 위한 목적을 갖고 있다. 남자는 무모하게 일을 벌려 망하는 경우가 많지만 여자는 그렇지 않은 이유가 이렇게 사전에 정보를 수집해서 꼼꼼하게 준비한 후 일을 하기 때문이다.

남자는 사무실에서 위에만 잘 보이려고 한다. 아직도 '여자는 커피 잘 타고 심부름 잘 하면 돼', '어차피 결혼하고 임신하면 나갈 텐데'라며 여자를 무시하고 성차별 하는 남자가 많다. 하지만 그 차별이 심할 경우 여직원들은 단체 행동에 나설 수 있다.

여직원들의 모임은 단순히 수다에서 그치지 않는다. 여직원들에게 횡포가 너무 심한 상사에 대해서는 여직원들은 모임을 통해 하나의 조직이 되어 회사 상부에 건의를 할 수 있다. 임원의 입장에서(특히 남자 임원) 여직원들이 하나가 되어 건의를 한 일에 대해서는 그 심각성을 인식하고 바로 조치하게 된다. 여기서 여직원들의 파워가 나오는 것이다.

지금 당신은 여직원들에게 어떻게 인식된다고 생각하는가?

Surviving in a crazy office

절대로 나서지 마라

　사무실에서는 절대로 먼저 나서지 마라. 신문이나 책에서는 '리더십이 있어야 한다', '적극적으로 나서서 일해야 인정받는 다'고 하지만 그건 인쇄된 글자에 있을 때만 괜찮아 보이는 행동이다.

　나서봤자 득이 되는 건 거의 없다. 괜히 주변 사람들에게 '나서는 사람'이라는 인상만 주게 된다. 조직에서 '나서는 사람'은 '리더십이 있는 사람', '뭔가 열정적으로 일을 하려는 사람'이라는 인상을 주기는커녕 '일만 벌려놓는 사람', '(일을 맡았으니 앞으로) 시끄럽게 떠들 사람', '시끄러울 테니 내 옆에는 오지 않았으면 좋을 사람' 등으로 인식될 뿐이다. 입사 면접 자리에서야 리더십이 있다고 침을 튀겨가며 얘기해야겠지만 일단 합격해서 회사에 들어오면 나서지 않고 조용히 자리에 앉아 있는 게 좋다.

1년에 얼굴을 한 번 볼까 말까한 회장 등 임원과 같이 있는 자리라면 나서야 하지 않겠냐고? 글쎄다. 분명 임원 옆에는 당신의 직속상사나 부장들이 있을 것이다. 직속상사가 숨 죽여서 임원 옆에 있는데 당신이 나선다면 그 누가 좋아할까?

드라마를 보면 CEO 앞에서 당당하게 의견을 낸 주인공이 발탁되어 고속 승진을 하는 모습이 나온다. 전혀 현실과는 다른 모습이며 사람들의 희망사항일 뿐이다. 그렇게 했다가 CEO의 심기를 건드려 징계를 받거나 직속상사에게 설쳤다고 욕만 얻어먹는다.

사회가 서구화가 됐다고 하나 아직까지 우리 사회는 정서상 앞에 나서는 사람을 별로 좋아하지 않는다.

나서서 잘되면 그야말로 본전이다. 칭찬하는 사람은 거의 없다. '자기가 나서서 하기로 했으니 당연한 거 아냐'라고 생각할 뿐이다.

나서서 자청했는데 만일 제대로 일을 처리하지 못하면? 100퍼센트 욕 얻어먹는다. 최선의 노력을 했지만 여건상 잘되지 않은 상황이라도 예외는 없다.

아무리 따져 봐도 나서는 행동은 장점을 찾기 어렵다. 물론 내 입장에서는 나서는 사람이 고맙다. 누군가 반드시 맡아야 할 일을 나 대신 맡아줬으니 말이다.

나서기를 좋아한다는 이미지를 갖게 되면 이를 이용하려는 사람이 반드시 나타나기 때문에 위험해진다. 자신의 불만, 불편을 해결하기 위해 '나서는 사람'을 이용하는 것이다. 그런 사람의 방법은 간단하다. 옆에서 이간질하고 바람을 넣어서 자신 대신 싸우게 만든다.

옆에서 바람을 넣으면 '나서는 사람'은 쉽게 흥분해 사무실에서 난리를 편다. 나서는 것이 정말 문제가 되는 순간이다. 심하면 상사, 부하 가릴 것 없이 들이민다. 어떤 사람은 직속상사인 과장, 부장에게 이야기하지 않고 바로 임원실에 들어가 난리를 치기도 한다.

난리를 펴고 자리에 앉으면 바람을 넣은 사람은 메신저로 치켜세우는 멘트를 줄줄이 보낸다. 그 멘트를 보면 왠지 뿌듯하고 조직을 위해 뭔가 했다는 자부심이 잠시 들 수 있다. 하지만 거기까지다. 나중에 이성을 찾고 생각해보면 옆에서 바람을 넣은 사람을 위해 쇼를 한 것밖에 되지 않았다는 것을 알게 된다. 나중에 누군가가 시켰다고 변명해봤자 소용없다. 난리를 친 당신만 주변 사람들에게 노출됐을 뿐 바람 넣은 사람은 보이지 않기 때문이다.

이대기 대리는 평소 바른 말을 잘하기로 소문이 자자하다. 그런데 어느 날부터 회사 구내식당의 밥이 부실해졌다. 알고 보니 사장의 부인이 운영한 다음부터 부실해진 것이다. 맛이 점점 없어지고 직원들의 불만이 여기저기서 터져 나왔다. 밖에 나가서 먹으려고 해도 구내식당의 매출을 떨어뜨리면 안 되는 사정을 아는 상사들은 직원들에게 계속 이용하라고 강요했다. 결국 직원들은 이번 달 말에 있을 '사장과의 대화' 자리에서 구내식당의 문제점을 건의하기로 하고 평소 바른 말을 잘하는 이대기 대리가 먼저 입을 떼면 거들어주기로 했다.

'사장과의 대화'에서 이대기 대리는 구내식당의 문제점을 거론했다. 그러나 그를 거들어준 사람은 아무도 없었다. 모두 이대기 대리의 눈을 피하거나 바닥만 볼 뿐이었다. '사장과의 대화'가 끝나고 이대기 대리의 직속상사는 임원에게 불려가 질책을 받았다. 임원실에서 씩씩거리며 나온 상사는 직원들이 보는 앞에서 이대기 대리에게 욕을 퍼부었다. 이대기 대리는 도움을 요청했지만 이번에도 다른 직원들은 눈을 피했다. 결국 이대기 대리는 회사를 나오게 되었다.

이대기 대리가 짐을 싸서 회사 문을 나가는 순간까지 직원들은 위로의 말보다는 그때 같이 나서기에는 상황이 애매했다는 말만 하고는 사라졌다. 그 후 구내식당의 질은 좋아졌다. 하지만 정작 이대기 대리는 그 구내식당에서 한 번도 밥을 먹지 못했다.

사람들은 자신 대신 누군가 나서서 골치 아픈 문제를 해결해 주기를 바란다. 나선 사람의 희생으로 직장생활이 좀 더 편해지는 것을 알고 있다. 그런 사람들의 희생양이 당신이 되지 않도록 주의하라. 누군가 당신 옆에서 계속 듣기 좋은 말로 간질이고 있는가. 조심해야 한다. 희생양을 만들기 위한 준비일지 모른다.

상사가 나서라고 해도 절대 나서지 마라. 조직은 단계가 있는데 그 단계를 무시하고 상사 대신 나설 수 없다고 하면서 빠져나가라. 상사가 시켰다고 나서봤자 그 상사는 보호막이 되어주지 않는다.

부하직원이 나서달라고 해도 나서지 마라. 당신만 위에 찍힐 뿐이다. 부하직원도 팀장이니까 당연히 해야 할 일이라고 여기지, 고맙게 생각하지 않는다.

　혹시 당신은 사무실에서 무슨 일만 생기면 상대가 누구인지 가리지 않고 들이밀고 있는가? 계속 그렇게 나섰다가는 제일 먼저 사표를 내야 할지 모른다.

6

Surviving in a crazy office

사소한 것은 놓치기 쉽다

회사생활은 정말 바쁘다. 업무를 2건 처리하면 새로운 업무 3건이 책상에 놓이고 빨간 날에도 출근해야 하는 날이 하루 이틀이 아니다. 그런 날이 계속되면 나중에는 당장 눈앞의 일만 처리하려해도 시간이 부족하다.

그렇게 일에 눌리다 보면 일을 잘하려고 하기보다 빨리 처리하는 데 중점을 두게 된다. 또한 업무와 관련된 일만 눈에 들어오게 되어 비교적 사소한 일, 즉 업무와 직접적인 관련이 없어 보이는 일은 애써 외면하거나 간과하기 쉽다. 허나 회사생활은 '그런 거까지 신경 써야 하나?'라고 생각하는 사소한 것에서 점수를 잃거나 딸 수 있다.

⊙ 노래 선곡에 신중하라

회식을 하면 2차로 노래방을 가는데 이때 노래 선곡이 중요하다. 비도 오고 해서 분위기 좀 잡아보려고 약간 가라앉는 노래를 부른다면 다음 날 팀장이 요즘 집에 무슨 일 있냐고 심드렁하게 물을 수 있다. 단지 그 노래를 부르고 싶어서 불렀는데 다른 사람들은 그렇게 생각하지 않는 것이다.

상사들은 그런 부분에서도 직원들의 심리상태가 나타난다고 본다. 심하면 회사에 불만이 있다는 것을 우회적으로 표현했다고 짐작한다.

회식 후 노래방은 부서원들끼리 친목을 도모하자는 의도로 가는 자리다. 기분이 우울하고 집에 문제가 있어도 노래방에 가면 되도록 밝은 노래를 부르고 사무실에서는 하지 못한 아부를 상사에게 하며 좀 더 가까워지는 계기를 만드는 것이 좋다.

⊙ 담배 타임, 커피 타임에 빠지지 마라

일하는 중간 중간 상사나 동료들끼리 담배를 피거나 커피를 마실 때 자신도 담배를 꺼내들거나 커피를 들고 끼는 것이 좋다. 그런 자리는 자신만이 알고 있는 정보, 회사 소문, 그 자리에 없는 사람에 대한 평가 등이 활발하게 이뤄지는 장소가 되기 때문이다.

상사가 "담배 한 대 필까?"라고 말했는데 "아까 피고 왔는데요", "저는 담배 피지 않습니다"라며 자리에 앉아 있지는 않은가. 상사가 그런 말을 한 것은 당신에게 뭔가 얘기하고 싶은 말이 있기 때문이다. 그런 중요한 기회를 허무하게 날리지 마라.

◉ 돌려서 말하는 것을 잘 파악하라

사무실에서는 개인적인 이야기, 상대방에게 하고 싶은 이야기는 직설적으로 말하지 않고 돌려서 이야기한다.

커피를 마시는 자리에서 누군가가 "김 과장님 있잖아요, 말씀은 잘하시는 것 같아요"라고 말했다면 '말은 잘하는데 실속은 별로 없다'는 의미를 담고 있을 가능성이 있다.

당신에게 하는 말에 뉘앙스가 있다는 느낌이 들면 말하는 사람과 주변 사람들의 표정을 재빨리 확인해라. 그대로 들어야 하는지, 숨겨진 의미가 있는지 파악할 근거가 된다.

사람들의 표정이 평소와 같지 않다면 당신에게 주의하라는 메시지를 전달하기 위해 동료나 상사들이 돌려 말하는 것이니 절대로 놓치면 안 된다.

⊙ 깔끔한 이미지를 심어줘라

요즘은 컴퓨터로 문서작업을 하다 보니 글씨를 직접 쓸 일이 거의 없다. 하지만 우편물을 보낼 때, 메모를 전달할 때는 직접 글씨를 써야 한다.

몇 줄 안 되는 글이지만 글씨를 잘 쓰면 왠지 깔끔하고 정리 정돈을 잘 할 것 같다는 이미지를 상대방에게 심어주게 된다. 그런 이미지는 일과 상관없어 보여도 하루에도 수십 번씩 서로를 분석하는 사무실에서는 중요하게 작용한다. 깔끔한 글씨를 보니 일도 깔끔하게 할 것 같다는 생각으로까지 확장될 수 있다.

아울러 책상 정리도 매우 중요하다. 지나가다가 어지러운 책상을 보면 기분까지 어지럽다. 반면 깔끔하게 정리된 책상을 보면 그 주인도 깔끔한 성격으로 인식될 수 있다.

사람들은 상대방의 작은 행동까지 분석하고 그 작은 행동이 다른 행동이나 성격, 일을 처리하는 스타일과 연결된다고 생각한다는 것을 잊지 마라.

⊙ 관련 부서에 관심을 둬라

직장인은 대부분 자신의 업무에만 관심을 갖는다. 내 일만 처리하기에도 바쁜데 굳이 다른 사람의 업무까지 알 필요는 없다고 생각한다. 하지만 지금부터라도 다른 사람들의 업무, 최소한 옆 부서나 자신의 업무와 관련 있는 부서의 업무는 어떻게 돌아가고 있는지 관심을 두어야 한다. 가능하면 그 부서의 사람들과 친분도 쌓아야 한다.

내가 업무를 맡기 전에 그 업무를 관리하는 부서와 업무를 처리한 후 넘겨받는 부서의 구조, 하는 일, 부서 구성원들의 성격 등을 대략 알고 있어야 여러모로 도움이 된다. 업무처리와 관련해서 잘못되었을 때 관련 부서의 업무를 알고 있으면 잘잘못을 주도적으로 가릴 수 있고, 친분이 있으면 당신이 편하게 업무를 볼 수 있도록 소스를 받을 수 있기 때문이다.

회사는 하루아침에 조직구조가 바뀔 수도 있다. 다행히 당신의 팀이나 상사가 일을 잘해서 다른 부서가 밑으로 들어오면 상관없겠지만, 운도 없이 상사는 사라지고 남은 부서원들은 다른 부서 밑으로 들어가야 한다면 그때부터 새로 적응을 시작해야 한다. 만일 다른 부서와 합쳐지는데 그 부서원들과 매번 싸우기만 했었다면 적응은 물 건너 간 것이다.

보통 부서통합은 연관 있는 부서끼리 합쳐지므로 자신의 업무와 연관 있는 부서의 구성원과는 평소 친해놓는 것이 좋다.

10평짜리 사무실에서 신경 써야 할 사소한 것은 100개가 넘는다. 주어진 일만 처리하기에도 정신없다고 할 수 있다. 하지만 사무실의 사람들은 일처리보다 상황에 대처하는 자세로 그 사람을 판단한다. 사소한 것에 목숨을 걸어라.

7

Surviving in a crazy office

누구냐, 넌!

취업이나 이직을 해서 사무실에 처음 발을 내딛는 순간, 부서가 변동되어 책상을 옮긴 순간, 승진을 해서 자리배치가 바뀌는 순간에 제일 먼저 할 것은 당신 주변 사람들을 파악하는 것이다.

당신 옆에, 앞에, 뒤에 있는 사람의 성격은 어떤지, 무엇을 좋아하고 싫어하는지 등 개인적인 취향을 먼저 파악한 후 조심할 것은 조심해야 한다.

◉ 살아온 과정, 가족환경 등에 주목하라

처음 보자마자 그동안 어떻게 살아왔는지, 가족관계는 어떻게 되는지 물으면 당연히 실례다. 잠깐 커피를 마시거나 회식 같은 술자리에서 상대방이 먼저 살아온 과정 등을 이야기하면 주의 깊게 듣고 필요에 따라 질문이 아닌 척하면서 몇 가지 질문을 해 정보를 얻어라.

'나는 엄한 집안에서 자랐다'는 사람을 예로 들어보자. 보통 엄한 집안에서 자랐다고 하면 뼈대 있는 집안으로 생각하는 경향이 있다. 물론 그럴 수도 있다. 그런데 엄한 집안에서 자란 사람은 다른 사람 핑계를 많이 댄다. 어렸을 때부터 작은 실수에도 부모에게 꾸지람을 들으니 무조건 다른 사람, 다른 이유를 들어 피해가려는 자세가 있기 때문이다.

어떤 사람은 집안이 매우 엄해서 조금만 실수해도 맞았다고 한다. 물론 자식이 잘못하면 상황에 따라 부모가 매를 들 수 있다. 하지만 그 정도가 심하면 그건 사랑의 매가 아니라 가정폭력이다. 이야기를 들어보니 가정폭력처럼 보이는데 그것을 자랑스럽게 얘기하는 사람은 그 안에 폭력성이 숨어 있을 가능성이 높다.

어렸을 때 자라온 환경이 그리 평범하지 않고 부정적이라면 그 사람과의 관계 설정에서 한 번 더 고민할 필요가 있다.

⊙ 돈과 주식 이야기하는 사람을 경계하라

시도 때도 없이 돈 얘기, 주식 얘기를 하는 사람은 분명 돈과 관련해서 문제가 있다. 주가가 올라가면 올라간다며, 내려가면 내려간다며 온통 주식에 신경을 쓰니 당연히 업무의 속도, 결과는 남들보다 뒤처질 수밖에 없다. 어떤 경우에는 "내가 지금 급하니 이번 한 번만 부탁할게"라며 자신의 업무를 다른 사람에게 떠넘길 수도 있다.

주가가 계속 내려가면 주변 사람들에게 노골적으로 돈을 빌려달라고 하기도 한다. 같은 사무실에 있으니 빌려주지 않을 수도 없고 빌려주자니 갚을 것 같지도 않아 난처한 상황에 빠진다.

이런 사람이 주변에 있다면 "부모님께서 집 사시면서 대출받은 것을 대신 갚아드렸다", "친한 고향 후배가 돈 좀 빌려달라고 해서 요즘 돈 구경하기 힘들다" 등의 말을 미리미리 흘려서 상대방이 돈 얘기를 처음부터 꺼내지 않도록 해야 한다.

이렇듯 당신의 주변 사람들을 파악하는 일은 상대방과 관계를 맺을 때 당신이 피해를 입지 않는 방법까지 알 수 있게 해준다. 그런데 당신 혼자 파악하려면 한계가 있고 시간이 너무 오래 걸린다. 당신보다 먼저 입사한 사람들과 친분을 쌓으면서 다른 직원들에 대한 정보, 그동안 사무실에서 있었던 크고 작은 사건 등을 알아내야 한다. 물론 그 정보를 준 사람에게는 식사 등으로 사례를 표시하는 것 잊지 마라.

8

Surviving in a crazy office

퇴근 이후가 중요하다

회사의 정식 근무시간은 보통 9시에서 6시다. 그러나 출근준비, 회식, 접대 등 회사와 관련해 투입되는 시간까지 합치면 직장인들은 눈을 뜨고 있는 시간 대부분을 회사에서 또는 회사와 관련해서 쓰고 있다. 그래서인지 퇴근시간이 가까워지면 1초라도 빨리 나가고 싶어 눈치를 보기 시작한다. 하지만 안타깝게도 (특히 남직원의 경우) 근무시간만큼 '퇴근 이후'도 중요하다. 진급할수록 '퇴근 이후'가 더 중요해지기도 한다.

근무시간에는 주로 업무와 관련된 이야기만 하기 때문에 딱딱한 내용이 오고 가지만 '퇴근 이후'에는 업무보다는 개인의 사소한 이야기를 할 수 있는 분위기가 된다. 특히 회식자리에서는 좀 더 친해질 수 있는 여건이 조성된다.

평소 서먹한 사이도 술 한잔에 가까워질 수 있고 서로의 취미를 알게 되어 주말에 테니스나 등산을 같이 하는 돈독한 사이로 발전하기도 한다. 근무시간에는 사람들의 눈이 많지만 퇴근 이후에는 그렇지 않기 때문에 조금 더 친밀한 피드백이나 아부를 할 수 있다.

퇴근 이후 친밀해진 관계는 다음 날 출근 때부터 효과가 발생한다. 어제보다 조금 더 가까워졌으니 업무진행, 정보교환 등이 더 활발해진다. 그런데 '퇴근 이후'의 시간에서 자꾸 빠지면 동료들과 친해지는 기회가 줄어들어 사무실 내 입지를 다지기 어려워진다. 능력만 있으면, 일만 잘하면 될 것 같지만 의외로 인간적 유대관계가 회사의 인간관계, 업무평가에 꽤 큰 영향을 미친다는 사실을 잊지 마라.

퇴근 이후까지 회사 사람을 봐야 하나 하고 회의가 들 수 있겠지만 근무시간에서는 얻기 힘든 회사 내부정보, 업무와 관련한 도움 등을 얻는 기회를 잡는 거의 유일한 시간이니 기꺼이 어울려라.

특히 상사와 자리를 갖게 되면 피곤하더라도 빠지지 말고 참여해라. 회사에 어떤 라인이 형성되어 있는지, 요즘 사장의 신

임을 얻는 사람은 누구인지, 당신이 입사하기 전에 회사에 무
슨 일이 있었는지 등을 알게 되는 시간이 된다. 그렇게 해서 얻
은 정보는 사무실에서 어떻게 대처해야 하는지를 알 수 있는
중요한 기준점이 된다.

말도 신경 써라

행동이 중요하지, 말은 그리 중요하지 않다고 생각하는 사람이 의외로 많다. 하지만 '말 한마디로 천 냥 빚 갚는다'는 속담처럼 사무실에서 말은 꽤 중요하다.

⊙ 사무실 분위기를 망치는 말투를 버려라

사무실에서 퉁명스럽게 말하거나 멋없게 말해서 점수를 깎이는 사람이 적지 않다. 돌려서 말해도 되는데 굳이 총을 쏘듯 직설적으로 말해서 상대방뿐만 아니라 사무실 전체 분위기를 어색하게 만든다.

만일 당신의 말하는 스타일이 퉁명스럽다면 상대방은 '내게 불만이 있나?', '내가 뭘 잘못했나?'라는 생각을 하게 되고 당신을 일부러 멀리한다.

원래 말하는 스타일이 이렇다고 해도 상대방은 알아주지 않는다. 재수 없다고 생각할 뿐이다.

◉ 부탁할 때는 반감이 생기지 않도록 하라

당신이 모든 일을 다 할 수 없다. 누군가에게 부탁하고 도움을 요청해서 해결해야할 상황도 많이 벌어진다. 그런데 세상 어느 누구도 남에게 부탁을 받으면 싫어하고 부담스러워하므로 다른 사람에게 부탁할 때는 조심스럽게 접근해야 한다.

먼저 상대방에게 양해를 구하고 상대방의 일정을 확인한 다음 도와줄 수 있는지 물어야 한다. 무턱대고 "전에 해본 일이니 금방 해줄 수 있지?"라는 식의 말부터 하면 기분 좋게 들어주는 사람은 아무도 없다.

부하직원이라고 해도 일방적으로 도움을 요청하면 반감만 살 뿐이다. 상사에게 도움을 요청한다는 자세로 부탁해야 한다.

◉ 그 자리에 없는 사람을 칭찬해라

조직에서는 그 자리에 없는 사람을 욕하고 비난하는 경우가 많다. 하지만 자리에 없는 사람까지 칭찬하는 당신을 다른 직원들이 보면 '저 사람은 내가 없을 때도 최소한 욕은 하지 않겠구나' 하고 안심하며 당신에 대한 경계심을 풀게 된다.

⊙ 감사의 표현은 몰래 하라

당신의 당직을 대신 서줬다거나 우연히 당신의 실수를 발견해 언질을 해줬다거나 해서 누군가에게 감사의 표현을 해야 할 때가 있다. 이때 주의할 것은 당사자와 당신만 있을 때나 메신저 등으로 감사의 표현을 하는 것이 좋다. 여러 사람이 있는 곳에서 할 경우 아부하는 줄 알거나 뭔가 뒷거래가 있었다는 오해를 살 수 있다.

⊙ 지적이나 주의는 짧게 하라

상대방에게 지적을 하거나 주의를 줄 때가 있다. 사람은 누구나 다른 사람에게 좋지 않은 소리를 들으면 설령 그것이 진정으로 자신을 위한 말이라도 기분 좋게 듣지는 않는다.

사무실에서 일하다 보면 지적 등 좋지 않은 소리를 하는 경우가 발생한다. 이때는 구구절절하게 하지 말고 핵심내용을 최대한 간략하게 전달하고 그쳐야 한다. 길게 얘기해봤자 상대방은 건성으로 들을 것이고 사무실 분위기도 좋아지지 않는다.
길게 얘기해야 한다면 서류로 작성해서 주는 것이 효과적이다.

⊙ 절대로 혼잣말하지 마라

혼잣말이 습관이라면 고쳐야 한다. 상사는 부하직원의 혼잣
말을 투덜거리는 것으로 오해하기 쉽다. 투덜거린다는 것은 보
통 회사에 불만이 있거나 상사인 자신에게 불만이 있다는 것으
로 여기기 때문에 혼잣말을 한 사람은 주요 감시대상이 된다.

화가 나도 짜증이 나도 책상에 앉아 혼잣말하지 마라. 상사
는 당신의 작은 목소리까지 잡아내는 귀를 갖고 있다.

Surviving in a crazy office

스스로 무덤을 파지 마라

가만히 있어도 경쟁자들이 공격하러 달려들 텐데 스스로 무덤을 파는 사람이 있다. 경쟁자들 입장에서는 경쟁자가 자폭하고 있으니 이처럼 고마울 때가 없다.

◉ 무리수를 둬서 웃기려고 하지 마라

유머감각이 있는 사람이 주목받는다는 생각에 주변 사람들을 웃기려는 사람이 있다. 그런데 사람을 웃기는 일이 말처럼 쉽지 않아서 대부분 쉽게 선택하는 것이 자신을 망가뜨리는 유머다.

흔히 신체의 단점을 소재로 활용하는데 그것을 본 사람들은 일단 웃어준다. 그러나 당신 앞에서는 웃더라도 돌아서면 사무실에 바보 하나 생겼다면서 비웃을 것이다.

당신의 이미지를 죽이면서까지 하는 유머보다 상대방의 말을 거들면서 분위기를 좋게 만드는 위트가 더 효과적이다. 방송인 유재석 씨가 인기 있는 이유는 전면에 나서지 않으면서 주변 사람들이나 게스트의 말과 행동을 더욱 풍성하게 해주는 역할을 잘하기 때문이다. 이처럼 과하게 행동하지 않아도 주변 사람들을 항상 즐겁게 해줄 수 있다. 오히려 처음에 말을 꺼낸 사람보다 이를 연결해 뒤를 받쳐주는 유재석 씨의 말을 사람들은 더 기억한다.

당신의 행동이나 말에 사람들이 웃으면 왠지 주인공이 된 느낌이 들 것이다. 하지만 명심하라. 회사는 일을 하는 곳이지 개그 콘테스트를 하는 곳이 아니다. 우선적으로 일의 결과가 좋게 나와야지 일은 제대로 하지 않으면서 웃기려고만 하면 회사에서는 '여기 있을 필요가 없지 않나'하고 생각할 것이다.

◉ 돈 자랑을 하지 마라

사람은 뭔가 해내면 자랑하고 싶어 입이 근질근질해진다. 다른 사람들이 그 이야기를 듣고 부러운 눈으로 자신을 봐주길 바라서다. 관심 받고 싶어 하는 마음은 아이나 어른이나 똑같다. 자랑하고 싶은 목록 중에서 직장인들의 관심을 끄는 이야기는 뭐니 뭐니 해도 '돈 좀 번' 이야기다.

얼마 전 1,700만 원으로 풋옵션을 매수한 뒤 약 일주일 후 13억 원 가량의 수익을 얻은 사람의 이야기가 큰 화제가 되었다. 직장인이라면 내 얘기이길 바라면서 부러워할 이야기다.

돈 좀 벌면 포커페이스가 안 되고 자랑하고 싶어 한다. 하지만 돈 좀 벌었다는 이야기는 사무실에서 절대로 하면 안 된다. 사촌이 땅을 사면 배가 아픈 것이 사람의 심리다. 주변 사람들의 질투심을 유발하기 때문에 매우 피곤해질 뿐이다.

◉ 칭찬을 착각하지 마라

주변에서 조금 떠받들어주면 기분이 붕 떠서 자신이 사무실의 주인공인 줄 착각하는 사람이 있다. "김 대리는 최고야", "김 대리님, 정말 좋은 분 같아요" 등의 말을 들으면 왠지 우쭐해지기 마련이다. 반대로 그렇게 우쭐해하는 사람을 옆에서 보고 있다고 상상해봐라. 얼마나 웃기겠는가. 그런데 지금 당신이 바로 그 웃긴 사람이 되고 있지는 않은가.

요즘 칭찬 좀 받는다고, 일이 좀 잘 풀리는 것 같다고 사무실에서 인정받기 시작했다는 착각에 빠지지 마라. 상사는 단지 의무감으로 부하직원들을 돌아가면서 칭찬해주는 것뿐이고 주변 사람들은 좋은 게 좋은 거라고 "좋은 분"이라고 말해주는 것뿐이다.

특히 당신을 보면 항상 웃는 여직원이 있다고 해서 좋아한다고 착각하지 마라. 의외로 왕자병에 걸린 남자가 많다. 그 여직원은 웃는 얼굴에 누가 침 뱉겠는가라는 생각으로 사람들을 대할 뿐이다. 자신을 좋아하는 줄 알았는데 청첩장을 갖다 주는 그녀를 보고 술자리에서 우는 사람은 '나는 바보다'라고 정확히 보여주는 셈이다.

◉ 한쪽 말만으로 오해하지 마라

누군가가 당신에게 좋은 말을 하면 감사하게 받아들여라. 반면, 좋지 않은 말을 들었을 때는 무조건 믿으면 안 된다. 당장 화가 나더라도 그 말을 하는 사람이 과연 믿을 만한 사람인지, 좋지 않은 말을 한 사람과 내가 어떤 관계를 맺고 있는지 등을 생각해본 후 어디서부터 잘못된 것인지, 오해가 있었는지를 알아봐야 한다.

한쪽의 말만 듣고 움직였다가 알고 보니 전달한 사람이 잘못

전달했거나 전달자가 이간질한 것임을 뒤늦게 알게 되는 경우도 있다. 그렇게 되면 잘 알지도 못하면서 역정을 내는 사람으로 여겨지게 된다.

⊙ 스트레스를 주지 마라

사무실은 가만히 있어도 스트레스를 받는 곳이다. 그런데 굳이 스트레스를 만들고 다니거나 다른 사람들을 스트레스 받게 하는 사람이 있다.

회사의 모든 일을 알아야 한다면서 이쪽저쪽 참견하고 여기저기 떠들고 다니는 사람, 바쁜 사람들을 붙잡아놓고 농담 따먹기를 하며 장난치는 사람, 큰소리로 전화를 받아 주변 사람들의 신경을 예민하게 만드는 사람 등이다. 친해지려고 장난을 거는 사람도 있는데 절대로 하지 말아야 할 행동들이다. 상대방은 자신을 우습게 알고 그러는 줄 안다.

혹시 지금 당신도 무덤을 열심히 파고 있는가? 주변을 둘러보라. "저놈은 자기 무덤을 자기가 파고 있어"라고 생각하는 사람의 행동을 당신도 하고 있지는 않은지.

Surviving in a crazy office

불편한 상황이 예상되면 먼저 피하라

필자가 중국집에 간 적이 있었다. 자리에 앉는 순간 한 테이블이 눈에 들어왔다. 부장급 정도로 보이는 남자 4명과 20대 후반으로 보이는 여직원 1명이 식사하는 테이블이었다. 유심히 보니 같은 회사에 다니는 것 같았다.

부장급 4명이 돌아가며 썰렁한 유머를 하면 여직원은 식사를 하면서 적절한 타이밍에 웃어주고 있었다. 부장급 4명이야 모르겠지만 여직원의 입장에서는 아무리 맛있는 음식을 먹어도 코로 들어가는지 입으로 들어가는지 모를 것이다.

회사생활을 하다보면 어느 순간 직감이 번뜩이는 경우가 있다. 다음 상황이 그다지 유쾌하지 않을 것이라는 느낌이 들 때 말이다. 그런 느낌이 든다면 축하한다. 사무실에서 살아남는 방법을 조금씩 터득하고 있는 셈이니까 말이다.

앞서 예를 든 여직원과 같은 상황이 예상되면 재빨리 점심약속을 잡아 그 자리를 피할 준비를 해야 한다. 힘들겠다는 예상이 드는데도 정면 돌파로 해결하겠다는 객기를 부리지 마라. 피할 수 있으면 피하는 것이 상책이다.

새로운 회사에 입사한 지 얼마 되지 않은 날, 전 회사 사장이 한 번 보자는 연락이 왔다. 별로 내키지는 않았지만 그래도 전에 모시던 사장이었으니 한 번 정도는 만나는 게 좋겠다는 생각이 들어 찾아갔다. 아니나 다를까, 역시 괜히 착한 척했다는 생각이 들었다.

글쎄, 술자리에서 폭언에 가까운 악담을 하는 것이 아닌가. 감히 자신을 떠나 다른 회사로 갔다는 생각에 분해서 그동안 잠을 이루지 못한 것 같았다. 1시간 정도의 술자리가 긴 암흑터널 같았다. 그만 일어나자고 하지 않았으면 가게 문을 닫을 때까지 앉아 있었는지 모를 일이었다.

회사를 그만두고 이직을 하거나 창업을 하면 예전 회사 사장을 만나보라는 말을 주변에서 한다. 필자는 그 말에 반대한다.

어차피 가봤자 좋은 소리를 들을 일은 거의 없다. 작심하고 재 뿌리는 사장도 있다.

이렇듯 불편한 상황, 불리한 상황이 예상되면 "돌격! 앞으로"를 외치며 무모하게 돌진하지 말고 피할 이유부터 빨리 만드는 것이 현명하다.

Surviving in a crazy office

인정할 건 인정하자

회사생활을 하다보면 어쩔 수 없이 인정할 건 인정해야 하는 순간이 온다. 자신이 아무리 노력해도 되지 않는 것이 있으니 속이라도 편하게 인정하라는 말이다.

제일 먼저 인정해야 할 것은 '외모지상주의'다. '동가홍상(同價紅裳)'이라는 말이 있다. '같은 값이면 다홍치마'라는 의미로, 값이 같으면 품질이나 모양이 예쁜 것을 고른다는 말이다. 사람과 관련해서도 마찬가지다. 외모가 뛰어난 사람은 그렇지 않은 사람에 비해 분명히 좋은 점수를 받는다. 이건 세상 어디를 가나 통하는 법칙이다.

사무실에서도 그렇다. 키도 크고 몸매도 좋고 외모도 호감형

이면 조금만 실적을 내도 '외모도 저 정도면 좋은데 실력까지 좋네'라며 좀 더 높은 점수를 받는다. 특히 매력적인 외모의 여직원 주변에는 항상 남자들이 왔다 갔다 한다.

필자의 예전 직장에 외모가 괜찮은 여직원이 한 명 있었다. 이 여직원에게는 직원들이 지나갈 때마다 말 한마디씩 걸었다. 그리고 이 여직원은 항상 점심약속이 있었다.

외모가 뛰어난 사람은 주변에서 외모가 뛰어나다고 말해도 "과찬이십니다"라고 한다. 하지만 분명히 본인도 알고 있다. 자신의 외모가 우월하다는 것을.

반대로 외모가 그리 뛰어나지 않은 사람은 분명 불리하다. 똑같은 실적을 내도 외모가 뛰어난 사람에 비해 인정을 덜 받는다.

외모가 별로 좋지 않은데 툭 하면 다른 사람들과 부딪히고 매일 인상을 구기고 있으면 주변 사람들은 '저 사람은 못 생겼으면서 성격까지 더러워', '외모도 별론데 성격까지 나쁘니 이 무슨 변고인가', '전생에 나라를 팔아먹었나 보다'라는 생각을 한다. 그 사람의 주변에 가지도 않는다.

자신의 외모가 세상의 기준으로 봤을 때 호감형이 아니라는 것을 알고 있는 사람은 누가 조금이라도 귀에 거슬리는 말을 하면 외모 때문에 그렇게 말하는 줄 알고 민감하게 반응하는 경우가 있다. 하지만 그 반응을 받은 사람들은 외모뿐만 아니라 성격까지 이상하다고 단정 짓고 그와의 관계에 선을 그어 버린다.

사실 사람들은 외모에 고정관념을 갖고 있지만 그렇다고 그 외모를 걸고넘어지지 않는다. 하지만 상대방이 민감하게 반응하면 그때부터 '외모도 별로인데 성격까지 나쁘다'고 인식하게 된다. 외모가 괜찮았으면 저렇게까지 얘기하지 않았을 거라고 혼자 단정 짓지 마라. 자발적으로 상대방과 벽을 만들 필요는 없다.

배경도 사람을 좌절하게 만든다. 아버지 회사를 물려받기 전에 경험을 쌓고자 회사를 다닌다는 사람, 낙하산을 타고 내려왔으면서 출퇴근도 자유롭게 하는 사람, 사장 아들이라 고속 승진하는 사람을 보면 자신에게 배경이 별로 없음을 한탄하기 마련이다. 특히 부모 잘 만나서 승승장구하는 사람을 보면 허탈한 것은 말로 다 할 수 없다.

안타깝게도 배경은 노력해서 만들 수 있는 것이 아니다. 인맥은 어느 정도 만들 수 있겠지만 출세를 빠르게 해줄 배경은 혼자의 힘으로 되지 않는다. 누군가의 도움이 필요하다. 그러나 그 '누군가의 도움'을 얻는 게 쉽지 않다. '그 누군가'를 만날 가능성이 사람들 대부분에게는 거의 없기 때문이다.

배경이 좋아서 계속 올라가는 사람이 '나'였으면 하지만 현실적으로 그렇지 못한 것이 사실이다. 그렇다고 너무 억울해하지 마라. 세상 사람들 중 배경이 좋은 사람이 얼마나 되겠는가. 0.005퍼센트도 되지 않을 것이다.

외모가 뛰어난 동료가 더 칭찬받는 것 같아도, 배경이 좋은 사람이 빠르게 승진하는 모습을 보면서 허탈해하거나 낙심하지 마라. 자신만 스트레스를 더 받을 뿐이다.

차라리 어떠한 능력으로도 할 수 없는 부분이 세상에 존재한다는 것을 깔끔하게 인정하고 마음을 다잡은 다음 업무에 더욱 집중해라. 지금 부러워한 배경을 만들 자신이 되겠다며.

Surviving in a crazy office

이직의 타이밍

아직도 평생직장을 믿는 순수한 영혼은 없을 것이다. 회사 입장에서는 지출의 대부분을 차지하는 인건비에 대한 고민이 크다. 그래서 회사가 힘들 때 먼저 생각하는 것도 바로 '구조조정'이다. 제일 효과적이기 때문이다.

어차피 업무는 기본 패턴이 있고 3∼5년차 정도의 경력자가 와도 문제없이 굴러간다면 회사 입장에서는 굳이 돈을 더 줘가면서 10년차를 둘 필요가 없다.

직원이 지금까지 일을 잘해왔고 매출을 많이 올렸다 해도 일 하나 잘못하면 가차 없이 내치는 곳이 회사다. 당신도 평생직장보다 평생직업을 찾는 자세로 회사를 다니고 조금이라도 업그레이드를 할 수 있는 기회가 되면 과감히 회사를 옮겨라.

◉ 이직을 두려야 하지 마라

평생직업을 갖기 위해서는 한 회사에 너무 오래 있지 않는 것이 좋다. 어차피 정년을 채울 수도 없으니 미리 정년 이후를 대비하기 위해서라도 다른 회사를 다니면서 인맥도 쌓고 시장을 보는 눈도 넓히면서 지금 다니는 회사에서 찾을 수 없는 또 다른 기회를 만들어야 한다.

이직을 두려워하지 마라. 오히려 긍정적인 효과를 얻는 경우가 많다. 이직은 '새로운 조직'과 '새로운 사람들'을 만나면서 '새로운 정보'를 얻는다는 의미를 갖는다.

'새로운 조직'은 당신에게 이전 조직과는 다른 업무의 세계를 알게 해준다. 회사를 옮기다 보면 '같은 분야의 회사인데 어쩌면 이렇게 조직의 구조가 다를까?'라는 느낌을 받을 때가 있다. 이전 회사의 조직과 옮긴 회사의 조직을 비교하면서 장점과 단점을 취할 수 있으니 얼마나 큰 이득인가.

또한 '새로운 사람들'을 만나면서 신선한 자극을 받고 그 사람들을 통해 다른 조직의 사람들을 만나게 되니 당신의 인맥은 넓어지게 된다. 이전 조직에 몸담았을 때는 만날 수 없었던 사람들을 만나고 서로 명함을 나누면서 당신의 자기 PR 범위도 확대된다.

이전 조직에서는 절대로 알 수 없는 '새로운 정보'도 많이 얻게 된다. 지금까지 했던 일을 순식간에 처리하는 획기적인 방법, 전 직장에서 보지 못한 체계적인 시장분석자료 등의 '새로운 정보'는 당신이 평생직업을 찾는데 귀중한 자료가 된다.

⊙ 미련을 갖지 마라

다른 사람들은 계속 진급을 하는데 당신만 계속 빠진다면, 회사에서 더 높은 단계의 업무를 주지 않는다면 이미 회사에서 당신을 버린 것이다. 전산의 오류로 당신을 제외시키는 일은 절대로 없다.

'그래도 지금까지 열심히 했는데…', '내일은 뭔가 다르겠지'라며 미련을 갖지 마라. 미련을 갖는 동안에도 회사는 당신을 내보내기 위해 열심히 준비 중이다.

⊙ 이직하려는 회사를 제대로 파악하라

평소 가고 싶은 회사에서 스카우트 제의가 들어왔더라도 무턱대로 움직이지 마라. 옮기려는 회사의 분위기, 재무구조, 사장의 마인드, 업계에서의 평판 등을 종합적으로 고민하고 주변 사람들에게 정보를 얻어 나름대로 고민한 후 옮겨라.

큰 회사에 있다가 작은 회사로 갈 때는 각오를 단단히 해야 한다. 그동안 누리던 직원에 대한 회사의 복지가 사라질 수도 있으며 월급이 밀려 금전적으로 어려운 시기를 버틸 가능성이 존재하기 때문이다.

⊙ 사표를 도로 집어넣지 마라

다른 회사에서 입사 제안이 왔는데 지금까지 같이했던 사람들과 헤어지는 것이 미안해서, 임원이 붙잡아서 포기하는 사람을 간혹 보게 된다. 이들 대부분은 시간이 지나면 '그때 갈 걸. 내가 왜 안 갔지? 바보같이'라며 후회를 한다.

특히 임원급 이상 또는 사장이 붙잡으면 왠지 대우받는 것 같고 계속 다니면 한 자리 줄 것 같아 남게 된다. 하지만 그때뿐이다. 다시 다녀봤자 대우는 전과 똑같다. 오히려 '한 번 나가려던 사람'으로 찍혀서 운신의 폭이 좁아지기도 한다. 나가려다가 마는 그런 바보 같은 짓은 하지 말라.

한 회사에 오래 다니는 것을 자랑하는 사람을 보면 안타깝다는 생각이 든다. 그만큼 그 사람은 사회에서 운신의 폭이 좁다. 그동안 다닌 한 회사에서만 얻은 정보, 인맥 등이 그 사람의 사회생활 전체이기 때문이다. 그 사람이 그 회사를 그만두고 나온다면 할 수 있는 것, 연락할 사람도 그리 넓지 않을 것이다.

스스로 '언젠가 그만둘 때가 있을 것', '그만둘 타이밍', '그만두면 할 것'에 대해 항상 생각하며 회사를 다녀라. 좀 더 발전된 당신을 위해, 비참해지지 않는 당신을 위해 꼭 필요한 생각이다.

Surviving in a crazy office

마지막 인상이 중요하다

사람은 첫인상이 중요하다고 한다. 물론 맞는 말이다. 하지만 사무실에서만큼은 한 가지가 더 추가된다. 첫인상만큼 마지막 인상도 중요하다. 어떤 경우에는 마지막 인상이 더 중요할 수도 있다.

회사에 처음 들어가면 기존 직원들에게 좋은 첫인상을 심어주기 위해 깔끔하게 차려입고 부지런해 보이려고 노력을 많이 한다. 남에게 호감을 주는 첫인상은 오래 가기 마련이지만 그렇다고 끝까지 간다고 볼 수는 없다.

직장생활을 하다보면 내·외부에서 수많은 사람을 만나기 때문에 사람들의 이미지를 전부 기억하기가 매우 힘들다. 또한 회사는 사람보다 일과 결과가 우선인 곳이다 보니 어제는 서로 친밀한 사이였어도 오늘 프로젝트가 망가지면 서로를 탓하며 삭막한 사이가 된다. 그러다가 다시 친밀해지기도 하고 아예 극과 극이 되기도 한다.

하루에도 몇 번씩 상대방에 대한 평가, 기분, 감정이 바뀌는 곳이 바로 회사다. 이런 와중에 상대방의 첫인상을 제대로 기억하는 사람은 드물다.

하지만 마지막 인상은 다르다. 가장 마지막에 형성된 이미지이므로 다른 사람들에게는 (이미지를 남긴) 사람의 최종 이미지로 기억될 수 있다.

계속 잘했다가도 마지막에 대형 사고를 치거나 회사에 큰 피해를 주고 떠나면 그 사람은 사고뭉치의 이미지로 남을 뿐이다. 반면 평범한 줄 알았는데 막판에 큰 결과물을 내놓고 떠나거나 화려한 스카우트 제의로 다른 회사에 가면 그 사람은 능력자로 기억된다. 물론 사고를 계속 치거나 사람들과 사이가 좋지 않은 사람이 마지막에 몇 번 착하게 행동해봤자 이미지 쇄신에는 소용이 없다. 회사를 떠날 때 마지막 인상을 좋게 남기려면 어떻게 해야 하는가?

⊙ 마지막까지 일관된 모습을 보여라

사람들은 첫인상이 좋아야 한다는 것을 잘 알기 때문에 성격이 좋지 않은 사람도 일부러 좋은 인상을 사람들에게 심어주려고 노력한다. 하지만 '이제 사표 냈으니까', '곧 여기를 떠나니까'라고 생각하면 출근해서 퇴근할 때까지 일은 하는 둥 마는 둥 하고 상사의 지시도 대충 따르는 경우가 있다. 그동안 잘 보여야 한다는 긴장이 어느새 풀려 스스로 조절이 안 되는 것이다.

본색을 드러내는 사람도 있다. 사표를 낸 이후 예전 모습과는 180도 다르게 행동하는 사람을 주변에서 자주 보지 않는가. 이런 사람은 다른 사람들에게 '그동안 연극한 거였어?', '원래 저런 사람이었구나'처럼 절대로 좋은 이야기를 듣지 못하며 최악의 이미지를 남기게 된다.

⊙ 조금이라도 안 좋은 일에 이름을 남기지 마라

책임지는 모습이 멋있어 보이고 다른 사람들도 알아줄 거 같아서 "제가 책임지고 떠나겠습니다"라는 말을 남기고 짐을 싸면 사람들은 당신을 애처롭고 용기 있는 사람으로 바라볼지 모른다. 과연 언제까지? 길어봐야 사무실 문을 나갈 때까지다.

당신이 탄 엘리베이터의 문이 닫히는 순간부터 당신은 사태의 책임을 진 사내대장부가 아니라 '뭐 생기는 것도 없는데 괜히 책임지고 그러지?', '저래봤자 회사에서 퇴직금을 더 주나?' 등의 야유만 받으면서 사람들의 기억 속에서 사라져간다.

회사에서 직원은 계속 바뀌어도 기록은 남기 때문에 사람들의 입에서 당신이 십자가를 맨 일이 나올 때마다 사고를 친 사람으로 당신이 지목된다. 당신이 의롭게 책임졌다는 말을 해줄 사람은 아무도 없다.

마무리하지 못했다고, 회사의 (간절해 보이는) 부탁으로 "그렇다면 나가서 틈틈이 하겠습니다"라고도 말하지 마라. 그때부터 이전 회사는 월급도 주지 않으면서 "이거 해달라", "저거 해달라", "나가니까 대충 한 거 아니냐"라는 기운 빠지는 말로 당신의 시간을 야금야금 빼먹을 것이다. 그만둘 생각이라면 마무리할 생각보다 인수인계를 확실히 한 후 명확히 선을 그어라.

⊙ 잘렸다고 횡포를 부리면서 회사 문을 나서지 마라

회사에서 갑작스럽게 나가라고 해도 절대로 이성을 잃지 마라. 남자라면 신사처럼, 여자라면 숙녀처럼 끝까지 억지로라도 웃으며 나가라. 수시채용, 수시퇴직, 구조조정이 대세인 요즘에는 회사의 인사방향이라는 이유로 능력에 상관없이 그만두게 되는 경우가 많다. 그러니 당신은 능력이 부족한 것이 아니다. 단지 이번에 운이 좋지 않았을 뿐이다.

차분하고 깔끔하게 마무리 짓는 모습을 보이면 나중에 회사에서 당신의 도움이 필요하다고 다시 오라는 전화가 올지 모른다.

왜 이토록 마지막 인상이 중요할까? 다른 회사에서 당신을 궁금해할 때 이전 회사에 아는 사람이 있으면 분명 문의할 것이다. 그 아는 사람은 대답의 기준을 바로 '마지막 인상'에 둔다. "그 사람, 끝까지 일관되게 일하더라." 아니면 "그 자식, 나가게 되니까 횡포 부리고 나가던데…."

사무실에서는 매일 이벤트가 열린다. '아침에 일찍 일어나야 성공한다'라는 내용의 책을 읽고 감동한 사장이 '8시 출근, 5시 퇴근(물론 5시에 퇴근하는 직원은 아무도 없다)'에서 내일부터 '7시 출근'으로 바꾼다. 하지만 퇴근시간도 같이 바꾼다는 말은 없다.

사무실은 참 아니꼬운 곳이다. 어제까지 웃으며 인사하던 사람이 오늘 사장 앞에서 회사를 위해 드리는 말씀이라며 내 뒤통수를 친다.

사무실에 있으면 성악설을 믿게 된다. 태어날 때부터 악한 마음을 가졌음을 몸소 보여주는 사람들이 사무실에 넘쳐나기 때문이다.

하루에도 몇 번씩 사람을 미치게 하는 상사, 먼저 승진한 나를 질투하며 내 앞길을 막는 동료, 모르쇠로 일관하는 부하직원 등과 한 공간에 있으면 정말 사표 던지기 직전까지 간다.

하지만 너무 스트레스를 받지 마라. 창업주의 자식이 아닌 이상 세상 모든 직장인은 당신과 똑같은 스트레스를 받고 있다.

미쳐봤자 당신만 손해다. 그 누구도 당신을 걱정해주지 않는다. 때로는 무덤덤하게, 때로는 무반응으로, 때로는 간지러운 말을 하면서 더 나은 자리로 올라갈 때까지 묵묵히 책상에 앉아 있어라. 그게 최선이다.

마지막 당부의 한마디. 지금보다 더 좋은 자리로 스카우트 제의를 받는다면, 또 회사에 관한 나쁜 소문이 돌고 회사가 기울어지고 있는 것 같은 감이 들면 미련 없이 떠나라.

조금만 버티면 자금이 들어온다며 사장이 붙잡아도, 그동안 함께 일한 동료들과 정들었어도, 술자리에서 상사가 도와달라며 부탁해도 주저하지 마라. 그나마 회사가 버틸 때 떠나야 퇴직금이라도 받을 수 있지만 회사가 망하면 퇴직금은커녕 망한 회사의 직원이라는 꼬리표만 달릴 뿐이다.

미친 사무실에서 미치지 않는 당신을 기대한다.

미친 사무실에서 살아남기

초판 1쇄 발행 2011년 12월 12일

지은이 | 전다우
펴낸이 | 전용준
펴낸곳 | 보아스

주소 | 서울시 마포구 성산1동 629-14번지 1층
전화 | 02-332-1238
팩스 | 02-335-1238
이메일 | boazbook@naver.com
ISBN | 978-89-966167-3-3 13320